古汉语语法教学及其
应用实践研究

陈昌琳◎著

汕頭大學出版社

图书在版编目（CIP）数据

古汉语语法教学及其应用实践研究 / 陈昌琳著. --
汕头 ：汕头大学出版社，2022.11
ISBN 978-7-5658-4857-5

Ⅰ．①古… Ⅱ．①陈… Ⅲ．①古汉语－语法－教学研
究－高等学校 Ⅳ．①H141

中国版本图书馆CIP数据核字(2022)第213715号

古汉语语法教学及其应用实践研究
GUHANYU YUFA JIAOXUE JIQI YINGYONG SHIJIAN YANJIU

作　　者：陈昌琳
责任编辑：陈　莹
责任技编：黄东生
封面设计：古　利
出版发行：汕头大学出版社
　　　　　广东省汕头市大学路243号汕头大学校园内　　邮政编码：515063
电　　话：0754-82904613
印　　刷：廊坊市海涛印刷有限公司
开　　本：710mm×1000 mm　1/16
印　　张：9.25
字　　数：150千字
版　　次：2022年11月第1版
印　　次：2023年1月第1次印刷
定　　价：46.00元
ISBN 978-7-5658-4857-5

前　言

　　古汉语是与现代汉语相对而言的，分为书面语和口头语两种形式，现代汉语是从古汉语发展演变而来的。要研究现代汉语的渊源，阐明现代汉语中的许多语言现象，推进汉语规范化和汉字改革工作，也需要掌握古汉语。语法是研究语言中词句的构造及变化规则的科学，不同的语言有不同的语法规则，不同历史时期的同一种语言也可能有不同的语法规则。随着社会文明的进步、人们的重视和学科的发展，古汉语语法已经取得了很多成果，对许多语法现象都有了较好的描述和解释。正确阅读和理解古汉语及其语法的内容，不仅能使人们更深入了解我国的历史，还能使人们领悟到我国的优秀文化传统。

　　鉴于此，笔者撰写了《古汉语语法教学及其应用实践研究》一书，在内容编排上共设置三章：第一章探讨古汉语语法教学及其任务设计，内容涵盖教学原则、教学策略分析、教学任务设计；第二章论述古汉语词类语法教学与活用，包括实词及其语法教学、虚词及其语法教学、语法教学的词类活用；第三章突出实践性，围绕古汉语教学语法系统及其建立、古汉语与现代汉语语法系统的分合、古汉语语法教学中的语例运用与实践进行研究。

　　全书结构科学、论述清晰，将古汉语语法与教学实践相结合，探寻促进我国高校古汉语语法教学的对策，力求达到理论与实践相结合；以发展的眼光透视古汉语语法教学的路径，体现出古汉语语法教学工作可以发挥培养优秀人才的重要作用；促进古汉语教学的发展，提高教育水平的价值，对从事古汉语教学相关的研究学者与工作者有学习和参考的价值。

　　笔者在撰写本书的过程中，得到了许多专家学者的帮助和指导，在此表示诚挚的谢意。由于笔者水平有限，加之时间仓促，书中所涉及的内容难免有疏漏之处，希望各位读者多提宝贵意见，以便笔者进一步修改，使之更加完善。

目　录

第一章　古汉语语法教学及任务设计

科学而系统的古汉语语法知识，能使学生更准确迅速地阅读、理解古汉语作品，这给教师提出了更高要求，教师要把重点放在古代汉语语法的教学上，在任务设计上进行改革创新，从而改善古汉语语法教学的效果，提高古汉语语法教学的质量。本章重点围绕古汉语语法教学的原则、语法教学的策略分析、语法教学的任务设计展开论述。

第一节　古汉语语法教学的原则

在教学过程中，应遵循一定的教学原则，有效的教学原则有助于教学活动的顺利展开，高效提升教学质量。如果不遵循教学原则，教学活动会失败，进而影响教学质量。关于教学原则，张志公先生生前多次强调"精要、好懂、管用"的六字方针。在古汉语语法教学中也应遵循一定的教学原则，主要包含以下方面，如图1-1所示。

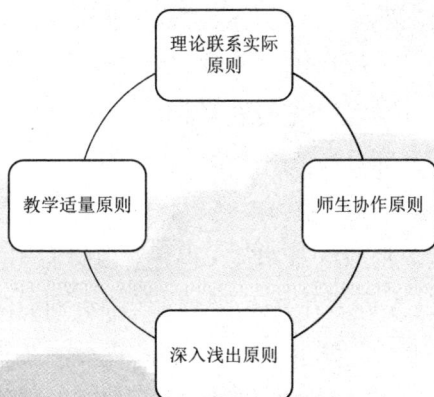

图 1-1　古汉语语法教学的原则

一、理论联系实际原则

理论联系实际原则是指在古汉语语法教学过程中，教师引导学生将古汉语语法知识与实践相联系，使学生在与实践相结合的过程中，对语法知识进行掌握并加以使用的教学原则。

在古汉语语法教学中，之所以要遵循理论联系实践的原则，有两方面原因：第一，古汉语语法是古汉语学习过程中较为枯燥、难学的内容，学生比较薄弱的地方。究其原因，部分教师讲完语法内容，并未将语法内容很好地与实际结合起来，学生没有进行实践，最终似懂非懂地结束了这部分语法知识的学习。因此，在古汉语语法教学时，一定要让理论与实践要结合，使理论能真正运用到实践中去。第二，学生除了要有全面、系统的理论知识外，还应具备将理论与实践完美结合的精神。理论联系实践原则，最关键的是练习，尤其在古汉语语法教学中，这一条显得尤为重要。古汉语语法的学习就是为了学以致用，因此，为了使学生更好地运用古汉语语法知识，最好的方法是在学生学习古汉语语法理论知识时能用做练习的方式辅助学生学习，掌握语法必须多做练习。

词类活用是古汉语语法教学中比较常见的一种语法现象，且其在阅读古文时有着举足轻重的地位。一词理解错误就可能影响整个句子的表达，在语法教学中，词类活用的作用不能小觑。对于词类活用中动词的使动用法，教师在向学生讲解完使动用法的理论知识后，应使学生再做一定的习题加以巩固。学生只有亲身实践了，才能体会动词使动用法的本质特征，才是真正掌握了这一语法现象。例如，"焉用亡郑以陪邻？"（《左传·烛之武退秦师》）这句话，教师可首先向学生讲解分析动词使动用法的方法，学生掌握方法后，教师再给予学生一部分练习，让学生找出句中哪个词是使动用法，并说出其含义。例如，"故远人不服，则修文德以来之。"（《论语·季氏》），"左右以君贱之也，食以草具。"（《战国策·冯谖客孟尝君》），"问其病，曰：'不食三日矣。'食之。"（《左传·晋灵公不君》）等加点词的使动用法。语法是古汉语教学中教师较为难教，学生较为难学的一部分，要使学生真正掌握古汉语语法，就要求教师在古汉语语法教学中一定要遵循理论联系实践的原则。

二、师生协作原则

师生协作原则是指在古汉语语法教学过程中，教师不仅要充分发挥教师的引导作用，还要激发学生的学习热情，发挥其主体性地位，协同完成高师古汉语语法教学。师生协作原则即遵循以教师为主导，以学生为主体的教学模式。

由于目前古汉语语法教学现状是以教师为主体，而忽视学生主体作用，进而导致学生效率不高，教学效率低下。因此，提高古汉语语法教学质量，除了教师引导外，还必须充分发挥学生的主体作用，使其参与其中。此外，因为古汉语语法难度较大，在古汉语语法学习过程中，不能离开教师引导，学生积极参与的因素。只有师生共同合作，遵循师生协作原则，改善古汉语语法教学模式，才能提高古汉语语法教学质量。

首先，"以教师为主导是指由教师引导、启发学生对古代汉语语法知识重要性的认识，从而去渴求知识，而并非仅仅是去传授知识"[①]。其次，以学生为主体是指在古汉语语法教学时，要调动学生积极性，使其充分发挥其作为教学主体的因素，让学生也参与到古汉语语法教学的课堂中。教师在讲解某一语法时，可让学生用其现有的语法知识来进行描述，以此调动学生积极性。例如，教师在讲授疑问代词作宾语前置的语法内容时，教师可首先引导学生来陈述对这种宾语前置的理解，并能为此举例说明，同时让其他学生加以评论。最后，由教师总结指出学生对此语法理解的不当之处。教师还可以引导学生联系宾语前置的另外两种类型，比较其异同，进行拓展延伸。通过师生协作原则，不仅学生掌握了知识，教师也不会处于唱独角戏的地位。只有师生共同努力，一堂课才能高效率、高质量地完成。

三、深入浅出原则

提高古汉语语法的教学质量，可以在教学中遵循深入浅出的教学原则。首先，"深入"是指教师要对古汉语语法内容理解深刻，教师专业知识性强，教师要对所教学科内容和教学方法钻研探究。对于古汉语语法内容，教师要抓住每一语法现象的本质特征，深入理解语法内涵。教师还应当具有与时俱

---

① 王艳敏. 高师古代汉语语法教学研究 [D]. 沈阳：沈阳师范大学,2013：22.

进的教学精神，随时关注古汉语语法学术前沿，对古汉语语法研究最新动向有所了解，将了解的知识引入课堂，不仅可以丰富课堂内容，同时也会使学生感受到丰富的古汉语语法世界，提高学习兴趣，促进语法教学。其次，"浅出"是指教师要用通俗易懂的教学方法让学生明白语法内容。由于学生语法知识水平的限制，在古汉语语法教学时，要采用"浅出"的教学方法。

对于古汉语语法教学中遵循深入浅出原则，还可以采用以下教学方法：揭示古汉语语法本质特征，把握语法规律特点；古汉语语法与中学文言文、现代汉语语法相结合；采用多媒体教学的教学方法。

第一，针对揭示古汉语语法本质特征，把握语法规律特点的教学方法，采用古汉语语法与中学文言文、现代汉语语法相衔接的教学方法，是由于学生对中学文言文、现代汉语内容记忆深刻，因此，在古汉语语法课堂上，为方便学生更好地理解语法内容，还应适时地与中学文言文、现代汉语语法内容相连接。例如，"以正君臣，以笃父子，以睦兄弟，以和夫妇"（《礼记·礼运》）中等词的使动用法，教师在讲解时可举中学名篇《鸿门宴》中的例子"项伯杀人，臣活之"，还可以与现代汉语中耳熟能详的成语相结合，例如，"丰衣足食""强身健体""富国强兵"等，在相互比较的基础上，学生更容易理解掌握。

第二，采用多媒体教学。多媒体教学在现代已经非常普遍，已经运用到各个学科、专业的课堂上。在古汉语语法课堂上应引进多媒体进行教学：首先，可以改善教师的教学方法，目前古汉语多采用传统的教学方式，多媒体教学的辅助，为改善古汉语语法教学提供了借鉴；其次，可以提高学生学习兴趣，多媒体一改传统的教学方法，对吸引学生注意力，提高学习积极性有很大的作用；最后，多媒体图片、声音的展示使古汉语语法内容更加直观、形象、浅显易懂。

在古汉语语法教学中，教师要注重教学方式的创新，多采用深入浅出的教学原则，不仅减轻学生对古汉语语法的畏难情绪，还可以使学生轻松、清楚地明白老师所讲内容，使古汉语语法教学事半功倍。

四、教学适量原则

教学适量原则是指在古汉语语法教学时，要遵循一定的量，不可过多过少。遵循教学适量原则，主要是由于古汉语的教学目的及当前课时有限这一现状的限制，需要合理安排语法内容。首先，虽然文选、语法都是古汉语教学中必不可少的部分，但古汉语的教学目的是培养学生阅读古书的能力，掌握语法是为了更准确地阅读古书。因此，讲授古汉语语法如果占用了学生阅读古书的时间，那么就会以小失大。其次，当前由于课改，课时不断减少，在有限的课时内，教师需抓住古今不同及学生薄弱的部分，重点讲授。

合理安排语法教学内容需注意：首先，语法不可过多讲解，语法讲授过多，势必影响其他部分的教学；其次，语法不可讲得太少或不讲，学生不懂语法，影响古文的阅读，反而不利于古汉语教学。遵循教学适量原则要求教师根据对古汉语教学大纲和教材的理解及透彻的分析，归纳出古汉语应重点讲授的语法内容。教师可通过与现代汉语语法对比的方法，找出古汉语语法所特有的内容进行讲解。进而教师可再根据课时安排，合理调整文选、语法的教学。

第二节　古汉语语法教学策略分析

一、提升对古汉语语法教学的认识

提升教师和学生对高师古汉语语法教学的认识，有助于提高古汉语语法的教学质量。

（一）更新教师的教学观念

提高对古汉语语法教学的认识，首先要更新部分教师对古汉语语法教学的观念。在古汉语语法课堂上，有些教师将重点放在了文选教学上，课文讲得详略得当，而讲授语法知识的水平却有待提高，学生对知识形不成完整的体系，这就要求教师转变观念，加强对古汉语语法教学重要性的认识。教师树立起重视语法教学的榜样，对学生学习古汉语语法有不可低估的作用。

教师要提升专业素质的意识，应做到：首先，教师应当具有创新教学方式的意识。长期以来，各高师教师在教学方法上采取传统的讲授方式，不注重调动学生的积极性，影响了课堂的教学效果。由于古汉语语法内容的枯燥和学生的畏难心理，要解决古汉语语法教学效率低下的问题，就要求古汉语教师应当具有创新教学方法的观念，并将此方法运用到古汉语语法课堂上，丰富课堂内容，提高学生兴趣，增加课堂活力。其次，教师应当合理安排语法内容。根据大纲的要求和课时的限制，合理安排计划好授课的内容。最后，教师也应该拥有与时俱进的良好观念，时刻关注学术前沿，对新语法现象有所了解，将这些内容运用到课堂当中，不仅可以丰富课堂内容，提高学生兴趣，同时也会使学生养成关注新语法现象的习惯，培养学生的研究能力。

(二) 培养学生的学习兴趣

培养学生学习古汉语语法的兴趣，主要表现在以下方面：

第一，教师要转变学生的观念，使其认识到语法的作用。由于很多学生对古汉语语法的正确认识存在误区，认为语法在古汉语学习中是毫无意义和价值的，学与不学对古汉语的影响是无足轻重的。因此，要改变学生对古汉语语法的认识，树立正确的语法观念。教师可在课堂中，有意识地运用语法知识解决问题，潜移默化地向学生传授学习语法的重要性。例如，翻译下面两个句子：

例1：晋灵公不君。(《左传·晋灵公不君》)

例2：从左右，皆肘之。(《左传·齐晋鞍之战》)

翻译例1时，假如教师只是简单地译为"晋灵公不行君道"，就一带而过，并没有涉及"君"词类活用的语法 ("君"字是个名词，但在这里"君"用作动词，是名词活用为动词)，那么学生就没从这个句子学到任何语法知识，也不会有语法的概念。如果教师对"君"的语法有简单的介绍或者让学生思考下"君"的词性，这对于学生认识语法作用有事半功倍的效果。在翻译例2时，教师除了翻译句义，即"(綦毋张) 站在左边和右边，(韩厥) 都用肘制止 (綦毋张)"，还可对此句子进行语法分析，使学生从语法的角度加深对句子的理解，从而深刻认识到学习语法的重要性。如此句运用了省略法，句子成分是：主语 (綦毋张) + 谓语 (站在) + 宾语 (左边和右边)，主语 (韩厥) + 谓语 (肘) + 宾语 (綦毋张)。通过分析句子成分，学生就会认识到"肘"字的词性，在这里名词活用为动词，认识到语法的作用，有助于正确地翻译词或者句子。

第二，教师要激发学生学习古汉语语法的兴趣。由于学生对古汉语语法本身就有畏难的情趣，不愿学习语法，因此，教师在古汉语语法教学课堂中要注意调动学生的积极性。例如，教师可通过采用中学文言事例，多媒体教学，开展语法竞赛等活动激发学生对古汉语语法的热情。采用中学文言事例，多媒体教学的教学方法，以此调动学生学习积极性，激发学生学习兴趣。此外，开展语法竞赛也可以培养学生的兴趣。例如，教师可利用几节课的时间，主持学生开展辩论赛，讨论词类划分问题，但教师一定要注意不能打乱整个教学的计划安排。

二、构建古汉语教学语法体系

高师古汉语语法教学内容存在较大的分歧，就古汉语教材而言，语法体系各不相同，不同的语法体系造成古汉语课语法与现代汉语课语法，古汉语课语法与中学文言文课语法教学的多轨制。建立高师古汉语语法体系是指教学语法体系的统一，而非理论语法体系的统一。教学语法体系的统一是为了高师院校之间，高师与中学之间古汉语语法的教学。而对于理论语法，应该鼓励"百花齐放，百家争鸣"的现象。有人认为建立高师古汉语语法体系约束了大学生的思想，也妨碍了学术发展。但对于大学生而言，掌握了教学语法系统，不妨碍他去学习不同学派的学术观点……至于学术研究，从来不是行政命令能禁止的，有教学语法系统，也不会阻碍学术研究的继续进行。因此，教学语法与理论语法不是相互矛盾而是相互依存，共同发展的。

目前高师古汉语教学语法体系存在的问题有：第一，高师古汉语教学语法体系不统一；第二，高师古汉语教学语法体系与现代汉语语法体系不统一；第三，高师古汉语语法教学与中学文言文语法教学相脱离。由于中学文言文学习采用的是现代汉语语法体系，因此，建立高师古汉语教学语法体系首先要与现代汉语教学语法体系相衔接，但同时也要突出高师古汉语教学语法体系的特点。

(一) 联系现代汉语教学语法体系

与现代汉语教学语法体系相衔接，是指建立高师古汉语教学语法体系时，要尽量与现代汉语教学语法体系相统一。首先，虽然古汉语教学语法体系会与现代汉语语法体系有着明显的差异，但是语言是继承发展的，现代汉语是从古汉语发展而来的，它们是同一种语言的不同发展阶段，古汉语语音、词汇都有较大的变化，与现代汉语有很大的差异，但语法从古汉语到现代汉语处于比较稳定的位置，两者有很大部分的相同点。例如，主语在谓语前面，谓语在宾语前面，修饰语在被修饰语前面，几千年来都是一样的。其次，现代汉语语法体系可为古汉语教学语法体系的建立提供借鉴。虽然古汉语语法经历了几千年的发展变化，但至今还未建立完整的古汉语教学语法体系，然而，经过几十年发展的现代汉语，先建立了自己的语法体系，这些都可以为古汉语教学语法体系的建立提供参照体系。现代汉语语法的词类划分、句子结构及句子成分古今并无不同。可以把现代汉语的语法体系及语法术语运用到古汉语教学语法体系中，不仅有助于古汉语教学语法体系的建立，还方便学生学习掌握。

以涉及定语和中心词、主谓结构虚词"之"的归属问题为例。在分析古汉语教学语法系统时，目前"之"的划分有三种情况：第一，将"之"归为介词（王本）；第二，将"之"划为连词（郭本）；第三，将其归为"助词"（许本、荆本），其用法相当于现代汉语"的"字。王力将"之"归为介词是有一定历史根据的，《马氏文通》认为"介字（介词）也者，凡实字有维系相关之情，介于其间以联之耳"。在建立古汉语教学语法体系时，要尽量做到古今协调。

古汉语的量词很早就产生了，量词分物量词和动量词，先秦时期已有相当数量的物量词。例如，"寸、尺、豆、乘、里、步、匹、家"等，魏晋时期动量词也开始产生，如：

缚之著树，鞭杖百余下。《三国志·先主记》
传史疑其伪，乃椎鼓数十通。《后汉书·光武帝记》

（二）彰显古汉语语法教学的特点

1.区分古今汉语语法

古今语法有相同的，也存在差异，因此，古汉语教学语法体系的建立在参照现代汉语语法体系的同时，也要有古汉语自己的语法特点，不能完全照搬现代汉语的语法。突出古汉语教学语法体系的特点，即解释现代汉语语法不能解释的部分。

第一，关于被动句。首先，现代汉语主要用"被"来表示被动，而古汉语却很少用"被"字表示，古汉语表示被动关系的形式比较复杂；其次，现代汉语中"被"归为介词，而古汉语"被"多用于"遭受"的含义，是不能归入介词的。因此，现代汉语语法体系中被动句的语法规则显然是不适用于古汉语语法体系的。建立古汉语语法体系，一定要突出古汉语语法中被动句的特点。

第二，关于判断句。分析古今判断句差异时，现代汉语判断句的主语和谓语之间一般要用系词、判断词"是"字联系，判断句属于动词谓语句；而古汉语判断句多采用名词或名词性词组做谓语，应划入名词谓语句，这与现代汉语语法中对判断句的划分不一致。在建立古汉语语法体系时，不能完全遵照现代汉语的语法系统，一定要有自己的特色。

第三，关于语序。古汉语语法中的倒装与现代汉语语法的倒装有相同的部分，但古汉语中疑问代词宾语前置和否定句中代词宾语前置的情况，是现代汉语所不存在的现象，是古人的习惯使然。针对古汉语中特有的语法现象，应单独设置语法种类，不仅可以突出古汉语语法的特点，还便于学生掌握。

除了被动句、判断句及语序问题外，还有代词的归类问题、虚词中设不设助词的问题、名词用作动词的问题、名词作状语的问题、成分省略的问题等，都要体现古汉语语法体系的特点。

2. 突出语法教学师范性的特点

建立高师古汉语教学语法体系应与普通高校古汉语教学语法体系相区别。由于高等师范院校背负着为培养师资的重任，因此，在建立高师古汉语教学语法体系应充分考虑古汉语语法体系师范性的特点，突出高等师范院校与普通高等院校古汉语的本质特征，这与高师古汉语教学目的是一致的。建立古汉语教学语法体系时，应让师范院校的教师及中学语文教师参与，因为师范院校是为中学培养教师的，而中学教师在讲授中学文言作品时，也会遇到文言文语法，尤其高校与中学的古汉语语法体系应是统一的，这也充分证明了师范院校在建立古汉语教学语法体系时，要突出师范性的特色。与普通高等院校古汉语语法体系相区别，不是彻底不接受其他院校的看法和意见。反而因为大学学校的性质，要求大学生不仅仅局限于本校所学内容，教师应鼓励学生多接触外界新知识，开拓新视野，在与本校所学结合的基础上，进一步提高学习能力，才有利于学术研究。

高师古汉语教学语法体系的建立要与中学文言文的教学语法体系相协调，最好能使文言文教学语法体系与高师教学语法体系相衔接。古汉语教学语法体系的建立最终是为文言文教学建立的，统一的古汉语语法教学也是为中学文言文教学奠定基础。教学语法的发展要以理论语法的发展为源泉，而理论语法的研究还要以教学语法为出发点。因此，理论语法的研究会促进教学语法的不断进步。

三、完善古汉语语法教学模式

(一) 揭示语法特征，把握语法规律特点

学习古汉语，就要学习和掌握古汉语语法规则。教师在讲某一语法现象时，应尽量把握语法规律的本质特征，将语法的本质规律展示给学生，学生只有掌握了语法的内涵，才是对这一语法现象的真正理解。

把握语法规律的本质特征，关键是要深入透彻地理解某项语法定义，通过定义抓住语法规律。例如，动词的使动用法，其定义是："所谓动词的使动用法，顾名思义，就是主语所代表的人物并不是施行这个动词所表示的动作，而是使宾语所代表的人或事物施行这个动作。"[①] 其本质特征是主语、谓语、宾语之间的关系与正常的主语、谓语、宾语之间的关系不同。在正常的句子当中，其谓语动词的动作是由主语发出的。例如，"(晋灵公) 从台上弹人，而观其辟丸也"(《左传·晋灵公不君》)。动词"弹"和"观"都是主语晋灵公发出的动作，而其宾语则是动作的承受者，即"人"是"弹"的承受对象，"辟丸"是"观"的承受对象。而使动用法其谓语动词的动作并不是由主语发出的，主语并不施行这个动作，而是使宾语发出这个动作。例如：

例1：庄公寤生，惊姜氏。(《左传·郑伯克段于鄢》)

例2：武丁朝诸侯。(《孟子·夫子当路于齐》)

例1 "惊姜氏"中，"惊"这个动作并不是由主语"庄公"发出的，而是庄公使姜氏吃惊；例2句中"朝"这个动作不是由主语"武丁"发出的，而是武丁使宾语"诸侯"发出这个动作。因此，在讲解动词使动用法时，应抓

① 王力.古代汉语 [M].北京：中华书局，1999：345.

住这一现象的本质特征，即如果谓语动词所表示的动作是由主语发出的就是一般的主谓宾关系，如果谓语动词的动作是由宾语发出的，那么这个句子就是使动用法。

判断句有四种基本形式：第一，主语＋谓语＋"也"；第二，主语＋"者"＋谓语＋"也"；第三，主语＋"者"＋谓语；第四，主语＋谓语。这四种格式并不是判断句的本质特征，有时不是四种格式之一的句子也是判断句。例如，"管仲非仁者与？"（《论语·宁问》），这个句子并不属于判断句的四种形式之一，但也是判断句。因此，要从判断句的本质特征入手，只有谓语是名词或名词性的词组，才能作为是否是判断句的标准，教师在教学的过程中不能将教材的重点放在四种格式上，应抓住语法的本质特征。

（二）结合文选材料，加强对语法的理解

教师在讲解某一语法现象时，应结合一定的语言的材料，只有放在一定的语言环境中，学生才能更好地理解这一语法特点。文选是古汉语语法学习的主要语感材料，因此，在讲授某种语法规律时，应结合学过的文选中的句子作为例句，使学生加深印象，加强对语法内容的理解。尤其是虚词教学，更不能脱离句子而孤立地讲解虚词。古汉语中虚词的用法非常灵活，不仅不同的虚词有不同的用法，同一个虚词在不同的句子中也有不同的用法，离开了句子，就无法理解词义。因此，有人在学习虚词时，就提出了"就句学词"的理论。例如，虚词"以"字作介词的三种用法：

例1：左右以君贱之也，食以草具。（《战国策·冯谖客孟尝君》）

例2：若之何其以病败君之大事也？（《左传·齐晋鞍之战》）

例3：以此众战，谁能御之！以此攻城，何城不克！（《左传·齐桓公伐楚》）

从例1得知，介词"以"引进动作、行为涉及的对象，意义表述为"把"；例2是由介词"以"引进动作的原因，可译为"因为""由于"；例3是介词"以"引进动作、行为的工具可译为"用""拿""凭借"。介词"以"在三个不同的句子中分别表示不同的含义，可见虚词教学是不能离开语言材料而单纯讲解的。因此，在教学中必须把虚词放在句子中把握，不但要注意通论部分所给的例句，也应留心文选当中所学过的语句，这样学生才能对这个语

法有更深的印象。

不仅虚词教学需要与文选材料相结合，古汉语其他语法现象也要紧密联系文选语句来讲解。例如，对古汉语语法内容"宾语前置"的教学，教师除了列举通论部分所有的例句外，更应多结合前面文选中所学的句子，毕竟学过的例句对于加强学生对语法内容的理解有很大帮助。例如，疑问句中疑问代词作宾语则宾语前置，"二国有好，臣不与及，又谁敢德？"（《左传·楚归晋知罃》）"君何患焉？"（《左传·郑伯克段于鄢》）。否定句中代词作宾语则宾语前置，其例子有："谏而不入，则莫之谏也。"（《左传·晋灵公不君》）"大道之行也，与三代之英，丘未之逮也。"（《礼记·大同》）。用"是""之"复指前置宾语，宾语提前，其例句有："其是之谓乎？"（《左传·郑伯克段于鄢》）。宾语前置的这三种类型，在文选中出现的次数很多，教师在讲解的时候应将学过的例子重申，学生才能全面系统地掌握这一内容。

（三）区分古今语法，把握古汉语语法重点

与现代汉语语法相对比，关键是抓住古今语法不同的部分，对其有分歧的部分着重讲授。语言是继承发展的，现代汉语语法是从古汉语语法继承发展而来的，因此，两者有相同的因素，也有不同之处。新课改后，古汉语课时减少，抓住语法重点，集中讲授是目前高师古汉语语法教学的主流趋势。

对于古今语法相对比的教学方法，可以分为三个步骤：首先，讲解某古汉语语法时，让学生先指出现代汉语中这方面的语法特点；其次，由教师引导出古今语法的不同点；最后，教师进行总结归纳。例如，代词在古汉语中出现的次数比较频繁，在古汉语里的用法与在现代汉语中用法有些是有较大差异的，针对这些在学习中应当注意。代词大致可以分为三类：人称代词、指示代词和疑问代词。可以人称代词来谈古今语法的不同，把握古汉语语法的重点。首先，让学生简单地回答现代汉语中代词的三种类型，并针对每一种类型举例加以说明；其次，教师重点指出古汉语与现代汉语不同的地方，并在适当的时机引导学生去思考，发现古汉语的独特之处；最后，教师再把不同的内容讲授给学生，把所讲内容的重点列成表格，如表1-1所示，加强学生的记忆。

表1-1　古今汉语人称代词用法对比

	现代汉语	作用	古代汉语	作用	举例
第一人称	我（们）	主谓宾	吾、我、予（余）、朕、寡人	主谓宾	吾日三省吾身。 三人行，必有我师焉。
第二人称	你您（们）	主谓宾	女（汝）、尔、而、乃	女（汝）、尔（主谓宾）而、乃（定语）	诲女知之乎？何各言尔志？必欲烹乃翁，幸分我一杯羹。
第三人称	它、他、她（们）	主谓宾	其、之	其（定语）之（宾语）	听其言而观其行。爱公叔段，欲立之。

在古汉语语法里，人称代词的单复数是一样的。例如，无论"我"还是"我们"都是用"吾"或"我"表示；"你"还是"你们"都用"汝""而"表示；"他"还是"他们"都用"之"表示。古汉语里经常出现谦称和尊称，谦称如"朕""寡人"等，古汉语谦称在使用中代替了第一人称；尊称如"足下""令尊""令堂"等，尊称的使用代替了第二人称。虽然谦称和尊称有时不能像代词那样受到代词规律的制约（在否定句中不放在动词的前面），但是在意义上又代表了第一人称和第二人称。在古汉语中，一种人称可用多个词来表示。例如，第一人称仅表格所呈现的就有五种，第二人称四种。在古汉语语法教学中，很多语法内容的教学都可以采用古今比较法，这种与现代汉语语法相对比，同中求异，把握语法重点的方式，不仅使学生积极主动地参与到课堂中，调动其学习兴趣，又让学生在轻松的环境下掌握重点语法内容。

第三节　古汉语语法教学的任务设计

古汉语的语法教学是为阅读文选服务的，为更好地继承、发展现代汉语服务。在进行任务设计时，要古今结合，要循序渐进。以今讲古，以古解今，古今汉语本就是一脉相承，注意古今结合，可以缩小古今汉语的距离。在教学中要遵循由易到难、由简到繁的认知规律，任务设置同样也要遵循循序的规律，古汉语语法的任务设计要遵循由例句到名句，由名句到仿句，由仿句到篇章之"序"。

古汉语文选任务设计要具体、分层次，要形成一个系统，最终的目的是引导学生能自主完成文选的阅读，能够在阅读中领略古代文化的魅力。相对于文选的任务设计而言，在进行古汉语语法教学时，要清楚地记住语法教学是为阅读文选服务，为更好地继承、发展现代汉语服务。

一、古汉语语法教学的任务设计要古今结合

在语言的三大要素中，语法的发展变化相对于语音和词汇而言是比较缓慢的。在进行古汉语语法教学时，要围绕着教学目标来确定任务。古汉语的语法教学目的不是为了建立完整的古汉语语法体系，而是为了阅读古代的文献典籍。在教学中，重点应该是古今变化的部分。本着这样的原则，在语法教学中重点讲解的是古汉语词类活用，古汉语词序，古汉语的判断句，古汉语被动句，古汉语的语气词、代词、介词等内容。如果说方言是研究古汉语语音的活化石的话，那么汉语成语应该是研究古汉语词汇和语法的活化石。

"成语是汉语言词汇中一种定型的词组或短句，它们有很大一部分是从古代相承沿用下来的，在用词方面往往不同于现代汉语，它代表了一个典故或者故事，成语在语言表达中有生动简洁、形象鲜明的作用，成语中还留下了古代汉语语法的足迹"[①]。让学生沿着这些足迹出发进入课题的学习，可以让学生从解决问题的角度来学习古汉语语法，达到以古解今的目的。例如，在教学古汉语名词作状语的内容时，可以以大家熟知的成语，如"街谈巷议、车载斗量、星罗棋布、狼吞虎咽"等布置任务、引入教学：让学生从句法的角度分析这些成语的结构，进而阐释意义。加线的"街、巷、车、斗、星、棋、狼、虎"都是名词，这些词后面接的都是动词，但是这种"名词＋动词"的模式构成的不是主谓的关系，而是"[状语]＋谓语动词"的关系。在现代汉语中除了时间名词，其他的名词是不能直接放在动词前作状语

---

① 郑兴凤. 古代汉语语法教学的任务设计 [J]. 鸡西大学学报，2014，14(1):18.

的，如果要作状语需要加上介词，而在古汉语中名词经常可以直接放在动词之前作状语，表示处所、工具、比喻等。以学生熟知或感兴趣的语言布置任务、引入教学，可以缩小古今汉语的距离。

二、古汉语语法教学的任务设计要循序渐进

人们对客观事物的认识，有一个由简到繁，由低级到高级，由直观到抽象的循序渐进的过程，在教学中也要遵循由易到难、由简到繁的认知规律，逐步深化提高，使学生系统地掌握所学的知识。教学中的任务设置同样也要循序渐进，循是遵照、按照的意思；序，指事物的次序。掌握事物的序是关键所在，不掌握序，所循无依，渐进无凭。古汉语语法教学任务设计的序是由例句到名句，由名句到仿句，由仿句到篇章，下面以古汉语语法中宾语前置为例进行说明。

第一，对比分析例句，找出规律。在教学和任务设计的过程中，可以设置例句让学生来分析，例句的选择要简明有代表性，学生可以通过对比，发现区别所在。然后通过对比分析，发现原因。例如，在讲解疑问代词作宾语需要前置的问题时，可以让学生分析下面三组例句：

例1：吾谁欺？欺天乎？（《论语·子罕》）

例2：王送知罃："子其怨我乎？"对曰："二国治戎，……臣实不才，又谁敢怨？"（《左传成公三年》）

例3："许子冠首？"曰："冠。"曰："奚冠？"曰："冠素。"（《许行》）

引导学生分析每个句子的句法结构和意义，例1是并列的两个疑问句，同是用一个动词"欺"；但是两个句子的宾语"谁"和"天"位置却不同。在以上三组例句中，每一组的谓语动词都是相同的，区别在宾语的词性，让学生来总结这类句子的规律：宾语如果是疑问代词的话，需要放在谓语动词的前边。

第二，设置对应练习，巩固成果。对比分析重在让学生找出规律，设置练习的目的，则是让学生从已知的结论出发，找出现象所在，巩固所得出的结论，这个环节例句的选择要兼顾到已学和未学两个部分，已经学习过的，让学生会有原来如此之感，未学的例句会让学生有豁然开朗之意。在这个环节还可以将讲授之初列出的成语，如"何去何从、时不我待、唯命是听、何

罪之有、皮之不存毛将焉附"等，加以分析解释，将古今联系起来，可以让学生体会到汉语发展的基础是继承。

第三，安排仿古游戏，在玩中学习。仿古练习，并不是教学生写文言文，目的是让学生通过实践更好地掌握古文在语法方面的一些特点。在引导学生完成任务时，教师给学生闯关提示：首先，提示闯关的步骤，第一步找出对应的词语，第二步用古词语和现代汉语句式来表达，第三步根据前置条件的不同把宾语移入相应的位置；其次，提供闯关的工具，工具很简单，提供完成任务需要的文言文词汇，如"恨、才、及、未、爱、唯、知、善、逐、走、女、乘、何、吾"等，有了明了的提示，任务的完成变得简单轻松，学生可以通过组内合作的方式闯过仿古关。

第四，阅读精彩篇章，学以致用。教学古汉语语法的目的是培养学生阅读古书的能力，掌握基本的原理。教学古汉语的最终的目的是学以致用，学会如何在阅读古文时应用上所学的知识，逐渐引导学生学会自主学习古汉语。在教学古汉语中宾语的位置时，可以让学生阅读《管仲荐隰朋》(出自《吕氏春秋·贵公》)一文，让学生找出其中宾语前置的句子，并分析宾语前置的条件。文章的选择有两点要求：第一，字数不要过长，一篇文章在三百字左右为宜；第二，一定要具有语言上的代表性，《管仲荐隰朋》一文短短二百五十字，有"寡人将谁属国""臣奚能言""公谁欲相""视不己若者，不比于人""丑不若黄帝，而哀不己若者"五个句子的宾语是前置的。在这个环节学生根据教师提出的任务，可以采用分组讨论的方式来完成。经过一系列的任务，学生对古汉语宾语的位置既可以熟知于胸，又可以致用于书。教学有法而无定法，任务的设计同样也是如此，要根据学生的情况、教学的内容适时进行调整。

第二章　古汉语词类语法教学与活用

古汉语的词类主要包括两方面：实词，是词语中含有实际意义的词，实词能单独充当句子成分，即有词汇意义和语法意义的词；虚词，把语法功能作为主要依据，指不能充当句法成分，没有词汇意义只有语法意义的词。本章重点围绕古汉语的实词及其语法教学、古汉语的虚词及其语法教学、语法教学的词类活用展开论述。

第一节　古汉语的实词及其语法教学

实词表示客观事物及动作、行为、性状、变化、数量等，具有实在的意义，一般能充任句子成分，可以单独回答问题，也可以独立成句。

一、古汉语中的动词及语法教学

(一) 动词的分类

从动词所表语法意义来划分，可以分为以下方面，如图 2-1 所示。

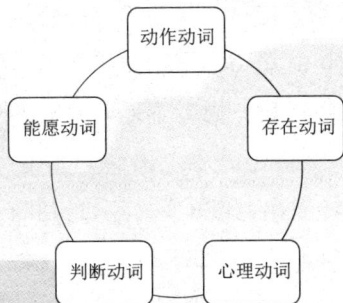

图 2-1　动词的分类

1. 动作动词

动作动词包括普通动词和表示人或事物消长变化的动词等。

(1) 普通动词，如：卒、征、伐、侵、夺等。例如：

例1：冬，晋文公卒。（《左传·僖公三十二年》）

例2：子曰："三军可夺帅也，匹夫不可夺其志也。"（《论语·宪问》）

例3：狄人侵之。（《孟子·梁惠王上》）

例4：征者，上伐下也；敌国不相征也。（《孟子·尽心下》）

(2) 消变动词，如：生、长、消、息、蕃、衰、亡等。例如：

例5：君子道长，小人道消。（《易·泰》）

例6：草木畴生。（《荀子·劝学》）

例7：是以奸臣蕃息，主道衰亡。（《韩非子·爱臣》）

以上这类动词是动词的主体部分，数量浩繁，不能尽举。

2. 存在动词

存在动词是表示人或事物存在的动词，古汉语的存在动词有"有""无""在"三个。例如：

例1：夫晋何厌之有？（《左传·僖公三十年》）

例2：人谁无过？过而能改，善莫大焉。（又《宣公二年》）

例3：子在，回何敢死！（《论语·先进》）

3. 心理动词

心理动词是表示人们心理活动的动词，如：爱、恶、忧、惧、恐、惑、畏等。例如：

例1：爱其二毛。（《左传·襄公二十二年》）

例2：天不为人之恶寒也辍冬。（《荀子·天论》）

例3：偿城恐不可得。（《史记·廉颇蔺相如列传》）

例4：仁者不忧，知者不惑，勇者不惧。（《论语·宪问》）

4. 判断动词

能对客观事物的属性做出判断的动词，叫判断动词，先秦汉语已有判断动词"是"，已是不争的事实。例如：

例1：曰商是常。（《诗·商颂·殷武》）

例2：何用见其是齐侯也？（《谷梁传·僖公元年》）

例3：此是何种也？（《韩非子·外储说左上》）

例4：此必是豫让也。（《史记·刺客列传》）

例5：本是朔方土，今为吴越民。（曹植《门有万里客行》）

例6：问今是何世，乃不知有汉，无论魏晋。（陶渊明《桃花源记》）

5. 能愿动词

表示可能、应该、意愿的一类动词叫能愿动词，如：能、可、欲、克、应、宜、当、敢、足、肯等。例如：

例1：靡不有初，鲜克有终。（《诗·大雅·荡》）

例2：是四国也，专足畏也。（《左传·昭公十二年》）

例3：寡人已知将军能用兵矣。（《史记·孙子吴起列传》）

例4：今我欲变法以治。（《商君书·更法》）

上述动词，能愿动词一般不能独立作谓语，因而也不能带宾语，它只能同谓语中心词结合作谓语；判断动词、存在动词能带宾语；动作动词、心理动词有的能带宾语，有的不能带宾语。能带宾语的动词叫及物动词，反之叫不及物动词。

（二）动词的组合

动词能受能愿动词、动词、副词、形容词、名词（包括时间名词、数词）以及介宾词组的修饰，并与之组成"状＋中"式偏正结构；还能和形容词、副词以及介宾词组组成"述·补"式偏正结构；动词还可以和名词组合为动宾结构或主谓结构。动词受名词、动词与数词修饰，分别在词类活用和叙述句部分阐述。

1. 动词的偏正结构

(1)"状＋中"式。

1)"能愿＋动"式。

2)"形＋动"式。例如：

例1：多行不义，必自毙。（《左传·隐公元年》）

例2：武侯逡巡再拜。（《荀子·尧问》）

例3：秦所以急围赵者，前与齐湣王争强为帝，已而复归帝，以齐故。（《战国策·赵策》）

例4：南阳刘子骥，高尚士也，闻之，欣然规往。(陶渊明《桃花源记》)

3)"副+动"式。例如：

例1：今又内围邯郸而不去。(《战国策·赵策》)

例2：侯生摄敝衣冠，直上载公子上座，不让。(《史记·魏公子列传》)

例3：余人各复延至其家，皆出酒食。(陶渊明《桃花源记》)

例4：于是帝族王侯、外戚公主，擅山海之富，居川林之饶，争修园宅，互相夸竞。(杨街之《洛阳伽蓝记》)

4)"动+(而)+动"式。例如：

例1：浴乎沂，风乎舞雩，咏而归。(《论语先进》)

例2：悬泉瀑布，飞漱其间。(郦道元《水经注·巫山巫峡》)

例3：丘之小，不能一亩，可以笼而有之。(柳宗元《钴铒潭西小丘记》)

5)"介宾+动"式。例如：

例1：人不难以死免其君，我戮之不祥。(《左传·成公二年》)

例2：为人谋而不忠乎？与朋友交而不信乎？传不习乎？(《论语·学而》)

例3：大车无輗，小车无軏，其何以行之哉？(《论语·为政》)

例4：管仲以其君霸，晏子以其君显。(《孟子·公孙丑上》)

6)"时(方)名+动"式。例如：

例1：长驱到齐，晨而求见。(《战国策·齐策》)

例2：良庖岁更刀，割也。(《庄子·养生主》)

例3：天子吊，主人必将倍殡柩，设北面于南方，然后天子南面吊。(《战国策·赵策》)

例4：朝闻道，夕死可矣。(《论语·里仁》)

(2)"述+补"式。

1)"动+(之+)形"式。例如：

例1：老臣病足，曾不能疾走，不得见久矣。(《战国策·赵策》)

例2：子何以为之报仇之深也？(《史记·刺客列传》)

例3：然公子遇臣厚，公子往而臣不送，以是知公子恨之复返也。(《史记·魏公子列传》)

例4：今韩信号兵数万，其实不过数千。能千里而袭我，亦以罢极。(《史

记·淮阴侯列传》)

2)"动 + 副"式。例如：

例1：君过矣！不若长安君之甚！(《战国策·赵策》)

例2：夫子曰："若是其靡也，死不如速朽之愈也。"(《礼记·檀弓》)

例3：此岂其无天道之极乎！(《史记·伍子胥传》)

例4：欲省赋甚。(《汉书·高帝纪》)

3)"动 + 介宾"式。例如：

例1：庚辰，将殡于曲沃。(《左传·僖公三十二年》)

例2：左右以君贱之也，食以草具。(《战国策·齐策》)

例3：子曰："君子喻于义，小人喻于利。"(《论语·里仁》)

例4：王坐于堂上，有牵牛过于堂下者。(《孟子·梁惠王上》)

(3)"动 + 名"式。这类"动 + 名"式偏正结构，动词作定语，修饰名词。

例如：

例1：飞梁跨阁，高树出云。(杨衒之《洛阳伽蓝记》)

例2：飞馆生风，重楼起雾。(杨衒之《洛阳伽蓝记》)

例3：飞湍瀑流争喧豗。(李白《蜀道难》)

例4：常记溪亭日暮，沉醉不知归路。(李清照《如梦令》)

2. 动词的动宾结构

动宾结构例句如下：

例1：以齐王，犹反手也。(《孟子·公孙丑上》)

例2：有女朝云，善吹箎。(杨衒之《洛阳伽蓝记》)

例3：知之为知之，不知为不知，是知也。(《论语·为政》)

3. 动词的主谓结构

(1)"名 + 之 + 动(+ 宾)"式。例如：

例1：不虞君之涉吾地也，何故？(《左传·僖公四年》)

例2：惜乎！夫子之说君子也，驷不及舌！(《论语·颜渊》)

(2)"名 + 动(+ 宾)"式。例如：

例1：师之所为，郑必知之。(《左传·僖公三十二年》)

例2：夫子喟然叹曰："吾与点也。"(《论语·先进》)

（3）"代＋动（＋宾）"式。例如：

例1：从台上弹人，而观其辟丸也。（《左传·宣公二年》）

例2：何由知吾可也？（《孟子·梁惠王上》）

例3：其为人也，发愤忘食，乐以忘忧，不知老之将至云尔。（《论语·述而》）

（三）动词的用法

古汉语中动词的用法同现代汉语基本相同。动词能受程度副词以外的其他副词和形容词的修饰，大多数动词能带宾语及补语。动词在句中主要用作谓语，有时可作状语，偶尔也可作主语、宾语、定语和补语。

1. 动词作谓语

动词作谓语是动词的主要用法，如：

例1：十年春，齐师伐我。公将战。（《左传·庄公十年》）

例2：盆成括仕齐。孟子曰："死矣，盆成括！"（《孟子·尽心下》）

例3：下，视其辙。（《左传·庄公十年》）

例4：今者，项庄拔剑舞，其意常在沛公也。（《史记·项羽本纪》）

例5：余，是所嫁妇人之父也。（《论衡·死伪》）

例6：寡人已知将军能用兵矣。（《史记·孙子吴起列传》）

例1与例2动作动词"伐""战""死"作谓语，其中例1"伐"带宾语"我"；例3表示趋向的动词"下"作谓语；例4表示存在的动词"在"作谓语，受副词"常"修饰，并带宾语"沛公"；例5判断动词"是"作谓语，带宾语"所嫁妇人之父"；例6助动词"能"和动作动词"用"组成动词词组，作谓语，并带宾语"兵"。

动词作谓语除受副词、形容词修饰外，也可受数词修饰。如：

例1：一鼓作气，再而衰，三而竭。（《左传·庄公十年》）

例2：由是先主遂诣亮，凡三往，乃见。（《三国志·蜀书·诸葛亮传》）

例3：他日，驴一鸣，虎大骇，远遁。（柳宗元《三戒·黔之驴》）

例1与例3动作动词"鼓""鸣"受数词"一"修饰；例2表示趋向的动词"往"受数词"三"修饰。

2. 动词作定语

动词作定语，表示对中心词的修饰。例如：

例1：不狩不猎，胡瞻尔庭有县貆兮？（《诗经·魏风·伐檀》）

例2：民有饥色，野有饿莩。（《孟子·梁惠王上》）

例3：此进趋之时也。（诸葛亮《后出师表》）

例1动词"县"修饰"貆"，组成偏正词组，作动词"有"的宾语；例2动词"饥""饿"分别修饰"色""莩"，组成偏正词组"饥色""饿莩"，作动词"有"的宾语；例3同义动词"进""趋"连用，借助标志助词"之"修饰"时"，偏正词组"进趋之时"充当句子的谓语。

3. 动词作状语

动词作状语，主要用来表示动作行为的方式手段、状态等，主要包含以下方面：

(1) 作状语的动词直接放在作谓语的动词前。例如：

例1：西门豹簪笔磬折，向河立待良久。（《史记·滑稽列传》）

例2：争割地而赂秦。（贾谊《过秦论》）

例3：广身自射彼三人者，杀其二人，生得一人。（《史记·李将军列传》）

例1作状语的动词"立"置于作谓语的动词"待"前，表示方式；例2作状语的动词"争"置于作谓语的动词"割"前，表示状态；例3作状语的动词"生"置于作谓语的动词"得"前，表示状态。

(2) 用连词"而"或"以"将作状语的动词或动词词组同作谓语的动词连接起来。例如：

例1：吾尝跂而望矣，不如登高之博见也。（《荀子·劝学》）

例2：哙拜谢，起，立而饮之。（《史记·项羽本纪》）

例3：樊哙侧其盾以撞，卫士仆地。（《史记·项羽本纪》）

例4：黔无驴，有好事者船载以入。（柳宗元《三戒·黔之驴》）

例1与例2作状语的动词"跂""立"，分别置于作谓语的动词"望""饮"之前，中间用连词"而"连接，表示状态；例3作状语的动宾词组"侧其盾"和例4作状语的偏正词组"船载"，分别置于作谓语的动词"撞""入"之前，中间用连词"以"连接，表示方式。

4.动词作补语

动词作补语，主要是表示结果或趋向。例如：

例1：若火之燎于原，不可向迩，其犹可扑灭？（《尚书·盘庚上》）

例2：旦日飨士卒，为击破沛公军。（《史记·项羽本纪》）

例3：单于遂乘六骡，壮骑可数百，直冒汉围西北驰去。（《史记·卫将军骠骑列传》）

例1与例2作补语的动词"灭""破"，分别置于作谓语的动词"扑""击"之后，表示结果；例3作补语的动词"去"，置于作谓语的动词"驰"之后，表示趋向。

5.动词作主语和宾语

动词用作主语和宾语时，动词的动作性已消失，只是表示某种动作的名称或与动作有关的人或事物，具有名词的语法特征。

(1)作主语的，例如：

例1：喜生于好，怒生于恶。（《左传·昭公二十五年》）

例2：輮使之然也。（《荀子·劝学》）

例3：教亦多术矣。（《孟子·告子下》）

例4：时北兵已迫修门外，战、守、迁皆不及施。（文天祥《指南录·后序》）

例5：知之为知之，不知为不知，是知也。（《论语·为政》）

例1的动词"喜""怒"作主语，指"喜欢""愤怒"这种心理状态；例2的动词"輮"作主语，指"烘烤"这件事；例3的动词"教"作主语，指"教人之道"；例4的动词"战""守""迁"作主语，指"应战""守卫""转移"三种情况；例5的第一个"知之"为动宾词组，第一个"不知"为偏正词组，在句中作主语。

(2)作宾语的，例如：

例1：夫大国，难测也，惧有伏焉。（《左传·庄公十年》）

例2：民不畏死，奈何以死惧之。（《老子·七十四章》）

例3：君子不鼓不成列。（《公羊传·僖公二十二年》）

例4：天之生此民也，使先知觉后知，使先觉觉后觉也。（《孟子·万章上》）

例1动词"伏"作宾语，指"埋伏"这件事；例2动词"死"作宾语，指"死"这种情况；例3动宾词组"成列"作宾语，指"成列之师"；例4偏正词组"先知""先觉"作宾语，指"先知者""先觉者"。

6. 动词的使动用法

动词作谓语时，它所表示的动作行为不是主语发出的，而是主语使宾语发出的，动词所表示的动作行为，并不以宾语作为对象，而是使宾语发出这一动作行为，这就是动词的使动用法。动词的使动用法是古汉语的语法特点之一，它实质上是以动宾结构表达了兼语式的内容，但比兼语式的句法更精练、更经济。

（1）动词的使动用法多见于不及物动词，不及物动词本来不带宾语，用于使动用法时，就带宾语了。例如：

例1：夫子所谓生死而肉骨也。（《左传·襄公二十二年》）

例2：庄公寤生，惊姜氏。（《左传·隐公元年》）

例3：广故数言欲亡，忿恚尉。（《史记·陈涉世家》）

例4：操军方连船舰，首尾相接，可烧而走也。（《资治通鉴》汉献帝建安十三年)

例1"生"这个动作，不是主语"夫子"发出的，而是宾语"死"发出的；例2"惊"这个动作，是宾语"姜氏"发出的，"惊"本为不及物动词，这里用作使动用法，带了宾语"姜氏"；例3"忿恚"这个动作，是宾语"尉"发出的；例4动词"走"省略了宾语；从上下文可以看出，"走"这个动作不是主语发出的，而是省略了的宾语发出的。翻译为现代汉语时，要将其宾语译出。

（2）及物动词用作使动用法的情况，在古汉语中也时时可见。及物动词本来就带宾语，作使动用法后依然带宾语，因而及物动词的一般用法和使动用法从形式上难以区分，主要应从意义上进行分辨，看动词所表示的动作是主语发出的，还是宾语发出的。例如：

例1：晋侯饮赵盾酒。（《左传·宣公二年》）

例2：欲辟土地，朝秦楚。（《孟子·梁惠王上》）

例3：又何吝一躯啖我而全微命乎？（马中锡《中山狼传》）

例4：不如先斗秦赵。（《史记·项羽本纪》）

例1"饮"这个动作是宾语"赵盾"发出的,"饮赵盾酒"不是"饮赵盾的酒",而是"使赵盾饮酒";例2"朝"这个动作是宾语"秦楚"发出的,"朝秦楚"不是"朝拜秦楚",而是"使秦楚朝拜";例3"啖"这个动作是宾语"我"发出的,"啖我"不是"吃我",而是"让我吃";例4"斗"这个动作是宾语"秦赵"发出的,"斗秦赵"不是"去斗秦赵",而是"使秦赵相斗"。

(3)动词的使动用法,在许多语法专著中,都将其视为词类活用,即一类词活用为另一类词。而动词的使动用法,尽管它不同于动词的一般用法,但这也只是其词类内部功能的变化,它还是动词。

7.动词的为动用法

动词作谓语时,对于宾语含有介词"为"的意思,动词所带的宾语不是动作的受事者,而是表示动作行为的目的或为之而发的对象,这就是动词的为动用法。用作动词为动用法的有及物动词,也有不及物动词,宾语多为指人的名词、代词。例如:

例1:今亡亦死,举大计亦死,等死,死国可乎?(《史记·陈涉世家》)

例2:夫人将启之。(《左传·隐公元年》)

例3:文嬴请三帅曰。(《左传·僖公三十三年》)

例4:坎坎鼓我,蹲蹲舞我。(《诗经·小雅·伐木》)

例1不及物动词"死"后带名词宾语"国",表示动作的目的;例2、例3及物动词"启""请"后分别带宾语代词"之"和名词短语"三帅",表示为之而发的对象;例4不及物动词"鼓""舞"后带代词宾语"我",郑笺曰:"为我击鼓坎坎然,为我兴舞蹲蹲然。"

(四)其他词类用活用为动词

汉语语法根据语法功能和词汇意义可以把词分成若干类,哪一个词属于哪一类一般是固定的,各类词在句子中充当什么成分也有一定的分工。但是,某些词按照一定的语言习惯又可以灵活运用,在句子中改变其基本功能,临时充当另一类词,具有另一类词的语法功能,这种语言现象被称为词类的活用。

1.名词活用为动词

名词活用为动词后,具有动词的语法功能,但原有的名词意义并没有消失，只是增加了相应的动词意义。

（1）名词活用为动词的一般用法。例如：

例1：从左右，皆肘之，使立于后。（《左传·成公二年》）

例2：越国以鄙远，君知其难也。（《左传·僖公三十年》）

例3：秦师遂东。（《左传·僖公三十二年》）

例4：日事，遇朔日朔。（《谷梁传·僖公二十二年》）

例5：沛公引军过而西。（《史记·高祖本纪》）

例6：乃丹书帛曰："陈胜王。"置人所罾鱼腹中。（《史记·陈涉世家》）

判断一个名词是否活用为动词的一般用法，除了结合上下文，看意义上是否连贯外，还要注意其语法功能。名词活用为动词，就应当具备动词的语法功能。如果句中有名词受副词修饰的现象，那么这个名词就可能活用为动词，如例1中的"肘"，其前有副词"皆"修饰，那么"肘"就活用为动词，是"用肘碰"的意思；例3中的"东"，其前有副词"遂"修饰，那么"东"就活用为动词，是"东进""向东进发"的意思。

如果两个名词连用，或名词后有代词，而前面的名词对后面的名词、代词并无修饰、限制作用，那么前一名词就活用为动词了，后面的名词或代词则是其宾语，如例1的"肘"活用为动词，"之"是宾语；例4的"日"活用为动词，是"记载日期"的意思，"事"是宾语。如果名词前有特殊指示代词"所"，那么其后的名词一定活用为动词，例6中的"罾"本为名词，是"鱼网"之意，置于"所"之后，"罾"活用为动词，是"用网打捞"之意。如果名词与动词间用连词"而"连接，那么其中的名词就活用为动词了，例5中的连词"而"连接动词"过"和名词"西"，名词"西"便活用为动词，是"西进"之意。

（2）名词活用为动词的使动用法。

1）名词活用为动词后，带有宾语。主语使其宾语所代表的人或事物成为这个活用为动词的名词所表示的人或事物，这就是名词的使动用法。例如：

例1：公若曰："尔欲吴王我乎？"遂杀公若。（《左传，定公十年》）

例2：夫子所谓生死而肉骨也。（《左传：襄公二十二年》）

例1中的"吴王"是专有名词，在这里活用为动词的使动用法，使宾语

"我"成为活用为动词的名词"吴王";例2中的"肉骨"不是并列结构,而是动宾结构,相当于"使白骨生肉","死生""肉骨"都是使死者复生的意思。

2)方位名词也可以活用为动词的使动用法,它使宾语所表示的人或事物向活用为动词的方位名词的方向行动。例如:

例3:故王不如东苏子,秦必疑齐而不信苏子矣。(《史记·苏秦列传》)

"东苏子"是"使苏子向东去"的意思。方位词的使动用法在古汉语里是比较少见的。

(3)名词活用为动词的意动用法。

名词活用为动词后,带有宾语。主语主观认为宾语所代表的人或事物就是活用为动词的名词所代表的人或事物,这就是名词的意动用法。例如:

例1:不如吾闻而药之也!(《左传·襄公三十一年》)

例2:友风而子雨。(《荀子·云赋》)

例3:公子乃自骄而功之,窃为公子不取也。(《史记·魏公子列传》)

例4:夫人之,我可以不夫人之乎?(《谷梁传·僖公八年》)

例5:或谓孔子于卫主痈疽,于齐主侍人瘠环,有诸乎?(《孟子·万章上》)

例1中的名词"药"活用为动词,"之"是其宾语,"药之"即"认为谏言是药石";例2中的"风""雨"分别作活用为动词的"友""子"的宾语,"友风"即"以风为友","子雨"即"以雨为子";例3中的名词"功"活用为动词,"之"是其宾语,"功之"即"认为对赵国有功";例4中的名词"夫人"活用为动词,"之"是其宾语,"夫人之"即"以之为夫人";例5中的名词"主"活用为动词,"痈疽""瘠环"是其宾语,"主痈疽"即"以痈疽为主人","主瘠环"即"以瘠环为主人"。

2.数词活用为动词

少量数词可以活用为动词。活用为动词的数词在句中作谓语,并可以带宾语,有的也带补语。例如:

例1:大国地方百里,君十卿禄,卿禄四大夫,大夫倍上士。(《孟子·万章下》)

例2:天下固畏齐之强也,今又倍地而不行仁政,是动天下之兵也。(《孟子·梁惠王下》)

例3：军不五不攻，城不十不围。（《史记·楚世家》）

例1数词"十""四""倍"活用为动词，意思是超出十倍、四倍和一倍；例2数词"倍"活用为动词，后带名词宾语"地"，其前有副词"又"修饰；例3数词"五""十"活用为动词，其前有否定副词"不"修饰。

3.形容词活用为动词

（1）形容词活用为动词的使动用法。形容词的使动用法，就是形容词活用为动词、带了宾语以后，使宾语所表示的人或事物具有这个形容词所表示的性状。例如：

例1：能富贵将军者，上也。（《史记·魏其武安侯列传》）

例2：今媪尊长安君之位。（《战国策·赵四》）

例3：臣闻之，欲富国者务广其地，欲强兵者务富其民。（《战国策·秦一》）

例4：鼻大可小，小不可大也；目小可大，大不可小也。（《韩非子·说林下》）

例1中的形容词"富贵"活用为使动用法，"富贵将军"就是"使将军富贵"的意思；例2中的形容词"尊"活用为使动用法，它使其宾语"长安君之位"具有"尊"的性质；例3中的形容词"富""广""强"活用为使动用法，分别使其宾语"国""民""地""兵"具有了"富""广""强"的性质；例4中的形容词"小""大"活用为使动用法，意思是"使……小""使……大"，其后省略了宾语。

（2）形容词活用为动词的意动用法。形容词的意动用法，就是形容词活用为动词、带了宾语以后，作为主语的当事者主观上认为宾语具有这个形容词所表示的性状。例如：

例1：故西施病心而膑其里，其里之丑人见之而美之，归亦捧心而膑其里。（《庄子·天运》）

例2：孔子登东山而小鲁，登泰山而小天下。（《孟子·尽心上》）

例3：人主自智而愚人。（《吕氏春秋·知度》）

例4：滕公奇其言，壮其貌，释而不斩。（《史记·淮阴侯列传》）

例5：时充国年七十，上老之。（《汉书·赵充国传》）

例1中的形容词"美"活用为意动用法，表示当事人主观上认为宾语

"之"具有"美"的性状；例2中的形容词"小"活用为意动用法，"小鲁""小天下"就是"以鲁为小""以天下为小"的意思；例3中的形容词"智""愚"活用为意动用法，表示"人主"认为前置宾语"自"及"人"分别具有"智""愚"的性状；例4中的形容词"奇""壮"活用为意动用法，"奇其言""壮其貌"就是"以其言奇""以其貌壮"的意思；例5中的形容词"老"活用为意动用法，"老之"就是"以之为老"的意思。

4. 人称代词活用为动词

人称代词在某些语言环境中可以临时活用为动词。但总而言之，这种用法不多见。例如：

例1：庾曰："卿自君我，我自卿卿。我自用我法，卿自用卿法。"（《世说新语·方正》）

例2：开皇初，被征入朝，见公卿不为礼，无贵贱皆汝之。（《隋书·杨伯丑传》）

例3：尝众辱奇，或尔汝之，或指为小人。（《北史·陈奇传》）

例4：且也相与吾之耳矣，庸讵知吾所谓吾之乎？（《庄子·大宗师》）

例1中表示尊称的"君""卿"分别带有宾语"我""卿"，活用为动词；例2中的"汝"前有副词"皆"修饰，后带有宾语"之"，均活用为动词；例3中的"尔汝"活用为动词，带有宾语"之"；例4中的"吾"前有副词"相与"修饰，后带有宾语"之"。

二、古汉语中的形容词及其语法教学

(一) 形容词的分类

汉语形容词也是个开放型的词类，古汉语形容词自不例外，其数量浩大，语法意义错综复杂。为了说明问题，形容词所概括的语法意义可以分为以下方面：

1. 拟质

描摹人或事物性质的形容词，叫拟质形容词。例如：

例1：氓之蚩蚩，抱布贸丝。（《诗·卫风·氓》）

例2：大人之忠俭者从而与之，泰侈者因而毙之。（《左传·襄公三十年》）

例3: 贤哉回也! (《论语·雍也》)

例1 "虫虫", 敦厚貌; 例2 "泰侈" 即 "汰侈", 骄纵议。

2. 拟态

描摹人或事物的动作、行为变化的状态的形容词, 叫拟态形容词。例如:

例1: 河水洋洋, 北流活活。(《诗·卫风·硕人》)

例2: 寤寐无为, 涕泗滂沱。(《诗经·陈风·泽陂》)

例3: 含言言哽咽, 挥涕涕流离。(陆机《挽歌》)

例1 "活活", 水流的样子; 例2 "滂沱", 形容泪如雨下的样子; 例3 "哽咽", 悲痛气塞说不出话的样子, "流离", 犹 "淋漓", 流泪的样子。

3. 拟形

描摹人或事物形态的形容词, 叫拟形形容词。例如:

例1: 参差荇菜, 左右流之。(《诗·周南·关雎》)

例2: 冠切云之崔嵬。(《楚辞·九章·涉江》)

例3: 邹忌修八尺有余, 而形貌昳丽。(《战国策·齐策》)

例1 "参差", 长短、高低不齐貌; 例2 "崔嵬", 犹 "嵯峨", 高貌; 例3 "昳丽", 神采焕发, 容貌美丽。

4. 拟量

描摹人或事物约略数量的形容词, 叫拟量形容词, 这里指的不是数词或数量值, 而是指古汉语描写多少、众寡之类的形容词。例如:

例1: 我事孔庶。(《诗·小雅·小明》)

例2: 靡不有初, 鲜克有终。(《诗经·大雅·荡》)

例3: 春秋逴逴而日高兮。(《楚辞·九辩》)

例4: 秦地旷而人寡, 晋地狭而人伙。(《唐书·突厥传》)

例1 "庶", 众多; 例2 "鲜", 少; 例3 "高", 指岁数大。

5. 拟断

表示人们对客观事物正确与否的判断的形容词, 叫拟断形容词。例如:

例1: 昭阳以为然, 解军而去。(《战国策·齐策》)

例2: 否, 非若是也。(《论语·阳货》)

例3: 沛公然其计, 从之。(《史记·高祖本纪》)

上述两例中的"然"字是形容词，表示对客观事物的肯定。例1的"然"当"是""对""正确"讲；例3的"然"当"认为……对""认为……正确"讲；而例2的"否"是表否定的形容词，当"不是""不对""不正确"讲。

6. 拟感

描摹人们的感官对客观事物的感受和体验的形容词，叫拟感形容词，所谓感官包括人们的嗅觉、味觉、触觉乃至意觉等对客观事物的感受和体验。例如：

例1：鲍鱼之肆不闻其臭。(《孔子家语》)

例2：晨露晞而草馥，微风起而树香。(谢朓《思归赋》)

以上两例中加点的形容词是诉之于嗅觉的形容词。

例3：凡和，春多酸，夏多苦，秋多辛，冬多咸。(《周礼·天官·食医》)

例4：甘毳以养口，轻暖以养体。(《盐铁论·孝养》)

以上两例加点的形容词是诉之于味觉的。

例5：水就湿，火就燥。(《易·干·文言》)

例6：狐裘不暖锦衾薄。(岑参《白雪歌送武判官归京》)

以上两例中加点的形容词是诉之于触觉的。

例7：今币重而言甘，诱我也。(《左传·昭公十一年》)

例8：是故明君贵云谷而贱金玉。(晁错《论贵粟疏》)

以上两例中加点的形容词是诉之于意觉的。

7. 拟度

描摹客观事物状态变化的程度的形容词，叫拟度形容词。例如：

例1：烈味重酒。(《吕氏春秋·尽数》)

例2：柳条百尺拂银堂，且莫深青只浅黄。(杨万里《新柳》)

例3：草枯鹰眼疾，雪尽马蹄轻。(王维《观猎》)

以上加点形容词中，例1是描写酒味的烈度的；例2是描写柳条颜色变化的程度的；例3"疾"是描写鹰眼犀利的程度的，"轻"是描写马蹄踏雪后蹄着地的程度的。

8. 拟时

用来描摹客观的时间变化的形容词，叫拟时形容词，这类形容词不同于时间副词，它具备形容词的语法功能。例如：

例1：臣之壮也，犹不如人，今老矣，无能为也矣。(《左传·僖公三十年》)

例2：寡人年少，莅国日浅。(《战国策·赵策》)

例1"壮"指壮年时，"老"指老年时；例2"浅"形容时间短。

9. 拟声

描写自然界声音的形容词，叫拟声形容词，这类形容词是对宇宙间声音的抽象描写，而不是对其客观地再现，是对声音情貌的描绘，而不是自然主义的记录。例如：

例1：叩之，其声清越以长。(《礼记·聘义》)

例2：水声幽咽，山势峥嵘。(庾信《秦州天水郡麦积崖佛龛铭》)

例3：南音函胡，北音清越。(苏轼《石钟山记》)

例4：余音袅袅，不绝如缕。(苏轼《赤壁赋》)

例1、3"清越"，形容声音清畅高扬；例2"幽咽"，形容微弱的、若有若无的声音；例3"函胡"，形容声音模糊不清；例4"袅袅"，形容声音婉转悠扬。

10. 拟色

描摹人或事物色彩的形容词，叫拟色形容词。例如：

例1：彤管有炜，说怿女美。(《诗·邶风·静女》)

例2：缁衣之宜兮，敝，予又改为兮！(《诗经·郑风·缁衣》)

例3：青青河畔草。(文选《古诗十九首》)

例4：往来不逢人，长歌楚天碧。(柳宗元《溪居》)

例1"炜"，红色；例2"缁"，黑色。

形容词是一个开放型的词类，对于词义的理解，除其本义外，引申义、假借义等是离不开具体语言环境的，因此，在缕析词的义类时，就要具体问题具体分析。对形容词的分类，也只是为了便于认识它而就某种意义上的分类，很难说能把这样一个开放性的词类一览无余。

(二) 形容词的组合

形容词是非常活跃的一类词，它有极强的组合能力，从而表现出极其鲜明的语法性质。形容词与其他词的组合关系可以归纳为形形组合、形名组合、副形组合、形动组合、形缀组合、形介组合、名形组合等七种。

1. 形形组合

形形组合为联合关系，可分为二种形式："形 + 形"式及"形 + 连 + 形"式。例如：

例1：不义而富且贵，于我如浮云。(《论语·述而》)

例2：子温而厉，威而不猛，恭而安。(《论语·述而》)

例3：古之君子，其责已也重以周，其待人也轻以约。(韩愈《原毁》)

"形 + 连 + 形"式常用连词有"而""以""且"等。

2. 形名组合

形名组合式构成"定·中"式偏正关系，形式包含以下方面：

(1)"形 (单) + 名 (单)"式。

例1：赦小过，举贤才。(《论语·子路》)

例2：彼圣人者，天下之利器也，非所以明天下也。(《庄子·胠箧》)

例3：汉兴，除秦苛政。(《史记·孝文本纪》)

例4：始以薛公子为魁然也，今视之，乃眇小丈夫耳。(《史记·孟尝君列传》)

(2)"形 (双) + 名 (单)"式。

例1：伏念曾无丝毫事，为报答效。(《上郑相公书》)

例2：况复小小轻财，敢向佛边吝惜。(《敦煌变文集·降魔变文》)

例3：以益强之秦而割愈弱之赵，其计故不止矣。(《史记·平原君虞卿列传》)

(3)"形 (双) + 之 + 名 (单)"式。

例1：无邀正正之旗，勿击堂堂之阵，以此治变者也。(《孙子·军争》)

例2：使有贵贱之等，长幼之差。(《荀子·荣辱》)

例3：然秦以区区之地，千乘之权，招八州而朝同列，而有余年矣。(《史记·秦始皇本纪》)

例4：为扬俭素之名，一约除奢侈之患。(《敦煌变文集·降魔变文》)

(4)"形 (双) + 之 + 形 (单) + 名 (单)"式。

例1：倜傥之极异，忘记掘诡之殊事。(左思《吴都赋》)

例2：鲁仲连者，齐人也。好奇伟俶傥(同倜傥)之亘策，而不肯仕宦任

职，好持高节。(《史记·鲁仲连邹阳列传》)

3. 副形组合

副形组合式是"状·中"式偏正关系，副词修饰作述语的形容词。例如：

例1：嘉我未老，鲜我方将。(《诗·小雅·北山》)

例2：籴，甚贵伤民，甚贱伤农。(《汉书·食货志》)

例1"将"，朱熹《诗集传》："壮也。"形容词，该式的副词多为程度副词，也有否定副词如"不""未"，以及时间副词，如"方"。

4. 形动组合

形动组合"形"与"动"或直接结合，或由连词连接。例如：

例1：心缭结而不解兮，思蹇产而不释。(《楚辞·九歌·哀郢》)

例2：长驱到齐，晨而求见。(《战国策·齐策》)

例3：博学之，审问之，慎思之，明辨之，笃行之。(《礼记·中庸》)

例1"形+而+动"为联合关系；例2与例3"形+动"为"状·中"式偏正关系。

5. 形缀组合

古汉语中"然""尔""如""若""焉""乎"等词虚化后成为形容词后缀，凡是和它们结合的词均成为形容词，这是词缀的语法功能使然。能和形容词缀结合的除了形容词以外，尚有动词、象声词、名词等。和形容词结合的形式，又可分为以下方面：

(1) 单音形容词"AX"式。例如：

例1：桑之未落，其叶沃若。(《诗·卫风·氓》)

例2：天油然作云，沛然下雨，苗渤然兴之矣。(《孟子·梁惠王上》)

(2) 双音形容词"AAX"式。例如：

例1：闵子侍侧，訚訚如也；子路行行如也；冉有、子贡，侃侃如也。(《论语·先进》)

例2：美哉！洸洸乎！堂堂乎！(《韩非子·外储说右上》)

例3：夫子循循然善诱人。(《史记·孔子世家》)

例4：言必信，行必果，硁硁然小人哉！(《论语·子路》)

(3)"ABX"式。例如：

例1：飘摇乎高翔。(《战国策·楚策》)

上述的缀加式，仍属于偏正式结构。

6.形介组合

古汉语中形容词作述语中心词，后接介宾词组补语，是常见的组合形式。但是，在长期使用中，介词的宾语脱落，而介词逐渐向形容词靠拢，结合紧密而不易分开，以致最终在近代以至现代汉语中，凝固成了一个动词，而原介词的宾语成了"形+介"这个动词的宾语了，如"忠于""在于""善于""勇于""难以""易以"等。古汉语的"形+介"可以看作现代汉语这类动词的滥觞。介词的宾语有的还可以补出。例如：

例1：夫子固拙于用大矣。(《庄子·逍遥游》)

例2：众叛亲离难以济矣。(《左传·隐公四年》)

形介组合式可以把它看作述补式偏正关系。

7.名形组合

名形组合格式往往是"名+形"和"名+之+形"两种。例如：

例1：氓之蚩蚩，抱布贸丝。(《诗·卫风·氓》)

例2：任重而道远。(《论语·泰伯》)

例3：然则师愈与？(《论语·先进》)

例4：蚓无爪牙之利，筋骨之强，上食埃土，下饮黄泉，用心一也。(《荀子·劝学》)

以上例1~例4加点部分从语序上看均是主谓关系。例1与例4主谓之间有结构助词"之"，但是，若从语序调整的角度来观察，两例中作谓语的"蚩蚩""利""强"又可还原至定语位置，这两例又可看作定语后置。

8.介形组合

介形组合构成"介+形"式介宾词组，作句子成分。例如：

例1：(商贾)因其富厚，交通王侯。(晁错《论贵粟疏》)

例2：祸自所由生也，生自纤纤也。(荀子《大略》)

以上"介+形"式中，由于形容词与介词结合，形容词活用作名词，如例1"富厚"。还能带代词定语"其"，该式在句中常作状语，如例1；或补语，如例2。

9. 形助（者）组合

形助组合主要是"形＋者"式。形容词与助词"者"结合为名词性的"者"字词组，作句子成分。例如：

例1：浩浩者水，育育者鱼。（《管子·小问》）

例2：是故智者之虑，必杂于利害。（《孙子·九变》）

以上例1"浩浩者""育育者"作主语；例2"智者"作定语。

10. 助（所）形组合

助形组合是指"所＋形"式。形容词与结构助词"所"结合后，活用作动词，构成名词性的"所"字词组，作句子成分。例如：

例1：衣食所安，弗敢专也，必以分人。（《左传·庄公十年》）

例2：上舍法，任民之所善，故奸多。（《商君书·弱民》）

以上例1"所安"作判断谓语；例2"所善"作"任"的宾语。

形容词的上述十种组合关系，通常可以归纳为四类：第一，偏正关系——形名、形动副形、形缀组合；第二，主谓关系——名形组合；第三，联合关系——形形组合；第四，词性转移——形助、助形、介形、形介组合。通过上述分析可以看出，形容词的主要语法作用是修饰名词、动词，还可以接受一些副词的修饰，从而构成偏正关系，形容词也可同形容词结合，构成联合关系。

（三）形容词的词形

1. 带词尾

形容词词素后附"如""若""然""尔""焉""乎"等词尾，组成形容词，有"……的样子"的意思。例如：

例1：孔子于乡党，恂恂如也。（《论语·乡党》）

例2：桑之未落，其叶沃若。（《诗经·卫风·氓》）

例3：皓皓乎不可尚已！（《孟子·滕文公上》）

例4：而蕞尔江南，独违王命。（《资治通鉴》晋孝武帝太元七年）

例5：环堵萧然，不蔽风日。（陶渊明《五柳先生传》）

例1中的形容词词素"恂恂"后加词尾"如"组成形容词；例2中的形容词词素"沃"后加词尾"若"组成形容词；例3中的形容词词素"皓皓"后

加词尾"乎"组成形容词；例4中的形容词词素"蕞"后加词尾"尔"组成形容词；例5中的形容词词素"萧"后加词尾"然"组成形容词。

2. 重迭

形容词重迭后，有加强描述人或事物性状、情态的作用。例如：

例1：皎皎白驹，食我场苗。（《诗经·小雅·白驹》）

例2：江南可采莲，莲叶何田田！（《乐府诗集·江南古辞》）

例3：藐藐孤女，曷依曷恃？（陶渊明《祭程氏妹文》）

例4：两鬓苍苍十指黑。（白居易《卖炭翁》）

例1、例3分别用重迭的形容词"皎皎""藐藐"作定语，极言白驹之洁白、孤女之弱小；例2、例4分别用重迭的形容词"田田""苍苍"作谓语，着力描述莲叶浮在水面上的美态、卖炭翁的苍老。

(四) 形容词的常见用法

1. 形容词用作主语、宾语

（1）形容词作主语、宾语时，已具有名词性。它除了继续保留形容词原有的意义之外，还兼代中心词，即可在其后补出被修饰的人或事物。例如：

例1：小所以事大，信也；大所以保小，仁也。（《左传·哀公七年》）

例2：今梁、赵相攻，轻兵锐卒必竭于外，老弱罢于内。（《史记·孙子吴起列传》）

例3：夫被坚执锐，义不如公。（《史记·项羽本纪》）

例4：乘坚策肥，履丝曳缟。（晁错《论贵粟疏》）

例5：恽幸有余禄，方籴贱贩贵。（杨恽《报孙会宗书》）

例6：瑜等率轻锐继其后，雷鼓大震，北军大坏。（《资治通鉴》汉献帝建安十三年）

例1中的形容词"小""大"指"小国"和"大国"，作主语和宾语；例2中的形容词"老弱"指"老弱兵卒"，作主语；例3中形容词"坚"指"坚固的甲衣"，"锐"指"锐利的武器"；例4中的形容词"坚"指"坚车"，"肥"指"肥马"，均作宾语；例5中的形容词"贱"和"贵"分别指"贱的东西"和"贵的东西"，"贱"作"籴"的宾语，"贵"作"贩"的宾语；例6中的形容词"轻"指"轻兵"，"锐"指"锐卒"，"轻锐"作"率"的宾语。

（2）对充当主语、宾语的形容词看法不一。《古汉语》在词类活用一章的前言中，举了"将军身披坚执锐"（《史记·陈涉世家》）作为活用的例证，但在具体论述词类活用时，没有涉及这一类型。有学者从另一角度认为这是一种修辞方式——代称，用事物的性状、特征指代该事物。也有人认为这是一种省略——中心词省略，以限制、修饰词来代替中心词。《辞源》《辞海》《汉词大词典》《现代汉语词典》对"坚"均做了明确的解释，指"坚固的东西、事物"，但对"锐""肥"等未做说明。

2. 形容词用作谓语

例1：其文约，其辞微，其志洁，其行廉。（《史记·屈原贾生列传》）

例2：今愈则愚且贱，其从事于文，实专且久。（韩愈《上于相公书》）

例3：车辚辚，马萧萧，行人弓箭各在腰。（杜甫《兵车行》）

例4：由山以上五六里，有穴窈然。（王安石《游褒禅山记》）

例5：然五人之当刑也，意气扬扬，呼中丞之名而詈之，谈笑而死。（张溥《五人墓碑记》）

例1中的形容词"约""微""洁""廉"分别用在作主语的偏正词组"其文""其辞""其志""其行"之后，作谓语；例2中的形容词"愚""贱""专""久"分别用连词"且"连接，作谓语；例3中的象声词"辚辚""萧萧"置于名词"车""马"之后，作谓语；例4、例5中的形容词"窈然""扬扬"分别置于名词"穴""意气"之后，作谓语。

3. 形容词用作定语

形容词作定语是形容词的主要用法。形容词作定语，有直接置于名词前的，有形容词和名词间加助词"之"作为定语标志的。例如：

例1：关关雎鸠，在河之洲。（《诗经·周南·关雎》）

例2：小大之狱，虽不能察，必以情。（《左传·庄公十年》）

例3：我知言，我善养吾浩然之气。（《孟子·公孙丑上》）

例4：大道以多歧而亡羊。（《列子·说符》）

例5：此地有崇山峻岭，茂林修竹。（王羲之《兰亭集序》）

例1中的象声词"关关"置于名词"雎鸠"前，作定语；例2、例3中的形容词"小大""浩然"与名词"狱""气"之间，有助词"之"作标志，充当定语；例4、例5中的形容词"大""崇""峻""茂""修"分别直接置于名词

"道""山""岭""林""竹"之前，作定语。

4. 形容词用作状语

例1：坎坎伐檀兮，置之河之干兮。（《诗经·魏风·伐檀》）

例2：夫大国，难测也。（《左传·庄公十年》）

例3：杂然相许。（《列子·汤问》）

例4：敌人纷堕如落叶。（《清稗类钞·冯婉贞胜英人于谢庄》）

例1中的象声词"坎坎"置于动词"伐"前，作状语；例2、例3、例4中的形容词"难""杂然""纷"分别置于动词"测""许""堕"前，作状语。用作状语的形容词与副词有时不易区分。而要区分二者，特别是在以单音词为主的古汉语中区分二者，主要看其能否充当谓语。如《史记·越王勾践世家》："重千金虚弃庄生，无所为也。"《汉书·匈奴传》："兵不空出。"《梦溪笔谈·神奇》："此理宛然，孰观之可谕。"前两例中的"虚""空"是"白白""徒然"之意，后例中的"孰"是"审慎""周密""仔细"之意。再查古籍，后例中此义项的"孰"可在句中作谓语，《荀子·议兵》："凡虑事欲孰。"而"虚""空"则不可。由此可以断定"虚""空"为副词，"孰"为形容词。

5. 形容词用作补语

形容词作补语一般是直接置于动词之后。例如：

例1：汉氏减轻田租。（《汉书·王莽传》）

例2：滂登车揽辔，慨然有澄清天下之志。（《后汉书·范滂传》）

例1中的形容词"轻"是动词"减"的补语；例2中的形容词"清"是动词"澄"的补语。

三、古汉语中的数词及其语法教学

"表示数目和次序的词叫作数词，数词的语法作用主要是修饰名词、动词，作句子的定语或状语，也可作补语、主语、宾语、谓语等。"[①]

（一）数词的表述

古汉语数词的表述方式，基本上同现代汉语相同，但也有一些特点，具体表现在以下方面：

---

① 倪博洋. 从语气词、叹词看上古汉语声调构拟 [J]. 语言科学，2019，18(2)：208.

1. 基数的表述

(1) 整数后直接加零数，这一点与现代汉语相同。例如：

例1：谋八十一篇，言七十一篇，兵八十五篇。(《汉书·艺文志》)

例2：子厚以元和十四年十一月八日卒，年四十七。(韩愈《柳子厚墓志铭》)

(2) 整数与零数之间加连词"有"字。

例1：割地而朝者三十有六国。(《韩非子·五蠹》)

例2：旬有五日，百濮乃罢。(《左传·文公十六年》)

例3：舜相尧二十有八载。(《孟子·万章上》)

(3) 整数与缺位的零数之间不加"零"字。

例1：凡诗赋百六家，千三百一十八篇。(《汉书·艺文志》)

例2：桂阳郡十一城，户十三万五千千十九，口五十万一千四百三。(《后汉书·郡国志》)

古汉语整数与缺位的零数之间一般不用"零"字，现代汉语则习惯加"零"字。古代语的"百六""四百三"就是现代汉语所说的"一百零六""四百零三"。

(4) 除零数外，经常省却"一"字。

例1：右纵横十二家，百七篇。(《汉书·艺文志》)

例2：今齐地方千里，百二十城。(《战国策·齐一》)

以上两例中的"千""百""十"之前，均省略了数词"一"。

(5) 用两数相乘表示实数。

例1：女乐二八。(《左传·襄公十一年》)

例2：堂修二七。(《周礼·考工记·匠人》)

例3：三五二八时，千里与君同。(鲍照《玩月城西门廨中》)

例1"二八"，杜注"十六人"；例2，郑注"令堂修十四步"；例3"三五"即"十五"，"二八"即"十六"。

2. 序数的表述

表示次序先后的数词是序数词。古汉语中，表示序数主要用以下方法：

(1) 在数词前加"第"字。

例1：云有第三郎，窈窕世无双。(《乐府诗集·焦仲卿妻》)

例2：此印者才毕，则第二板已具。(《梦溪笔谈·活板》)

例3：平阳侯曹参身被七十创，攻城略地，功最多，宜第一。(《史记·萧相国世家》)

(2) 直接用数词表示。

例1：十年春，齐师伐我。(《左传·庄公十年》)

例2：赵惠文王十六年，廉颇为赵将伐齐，大破之。(《史记·廉颇蔺相如列传》)

例3：故诗有六义焉：一曰风，二曰赋，三曰比，四曰兴，五曰雅，六曰颂。(《诗经·关雎》序)

例1 "十年春"是指鲁庄公第十年的春天；例2 "十六年"是指赵惠文王在位的第十六个年头，在古籍中记述年月日都不加 "第"字，这种用法起源很早，始见于甲骨文，至今仍在沿用；例3 中的 "一""二""三""四""五""六"直接表示序数。

(3) 用甲、乙、丙、丁、太上、次之、其次、次等词表示，这些词仅仅有序数的作用，但不是数词。

例1：太上有六德，其次有立功，其次有立言。(《左传·襄公二十四年》)

例2：王当歃血定从，次者吾君，次者遂。(《史记·平原君虞卿列传》)

例3：奋长子建，次子甲，次子乙，次子庆，皆以驯行孝谨，官至二千石。(《史记·万石张敬列传》)

例1 "太上"是 "最上"之意，此处用 "太上"表示 "第一""其次"表示 "第二""第三"；例2 从上下文意看，实行合纵歃血立盟，按顺序楚王为第一，平原君第二，毛遂第三，用 "次者"表示；例3 用 "长"表示 "第一"，"次"表示 "第二""第三""第四"。

3.倍数的表述

照原数增加的数是倍数。倍数一般用基数词表示，有时也用特定的名称 "倍"表示。例如：

例1：利不百，不变法；功不十，不易器。(《商君书·更法》)

例2：如贾三倍，君子是识。(《诗经·大雅·瞻中》)

例1 中的 "百"即 "百倍"，"十"即 "十倍"；例2 中的 "三"后加特定的表示倍数的词 "倍"，表示三倍。

4. 分数的表述

表示分子占分母份数的词是分数，这与数学意义的分数相同，如"五分之一""参之一""十二三"等。

(1) 母数与子数之间有"分"字和"之"字。

例1：法一月之日，二十九日八十一分日之四十三。(《汉书·律历志》)

例2：冬至，日在斗二十一度四分度之一。(《汉书·律历志》)

以上二例为古汉语中记述分数最完备的格式。"二十九日八十一分日之四十三""二十一度四分度之一"，母数与子数之间有"分""之"二字，并分别有名词"度""日"。

表示分数还有省略名词的。例如：

例3：故关中之地，于天下三分之一。(《史记·货殖列传》)

例4：若复数年，则损三分之二也，当何以图敌？(《三国志·蜀书·诸葛亮传》)

以上二例表示分数的形式在古汉语中亦属常见，但不够完备，分子、分母之间省略了名词，这种用法是现代汉语中的习惯用法。

(2) 母数与子数之间无"分"字和"之"字。

例1：会天寒，士卒堕指者十二三。(《史记·高祖本纪》)

例2：藉弟令毋斩，而戍死者固十六七。(《史记·陈涉世家》)

例3：余不佞，独持迂论，以为能相通者什九，不者什一。(徐光启《甘薯疏序》)

例1中"十二三"即"十分之二三"；例2中"十六七"即"十分之六七"；例3中"什九"即"十分之九"，"什一"即"十分之一"。

这种用法在古汉语中比较常见，但也容易引起误解，因为母数与子数之间无"分"无"之"，这种形式既可指分数，也可指整数加零数，如"发民凿十二渠"中，"十二"不是指十分之二，而是指基数十二。辨别这两种用法，只能依据上下文意来仔细分析。

(3) 母数与子数之间无"分"字或"之"字。

例1：先王之制，大都不过参国之一，中五之一，小九之一。(《左传·隐公元年》)

例2：今行父虽未获一吉人，去一凶矣，于舜之功，二十之一也。(《左

传·文公十八年》）

例3：子一分，丑三分二，寅九分八，卯二十七分十六。（《史记·天官书》）

例1中"参国之一""五之一""九之一"都省略了"分"字；例2也省略了"分"字，"二十之一"即"二十分之一"；例3中"三分二""九分八""二十七分十六"都省略了"之"字。

5.约数的表述

表示不定数的是约数，或称不定数、概数。有大概、约略的意思，如"许""所""数""几""余"等。

（1）用整数表示约数。例如：

例1：孔子卒后至于今五百年。（《史记·孔子世家》）

例2：成都有桑八百株。（《三国志·蜀书·诸葛亮传》）

例3：欲穷千里目，更上一层楼。（王之涣《登鹳雀楼》）

例1中"五百年"是就其整数而言，因为孔子死后至司马迁时，尚不足五百年；例2中"八百"亦同；例3中"千"表示极远，不是实指千里。

（2）用两个临近的基数表示约数。例如：

例1：冠者五六人，童子六七人。（《论语·先进》）

例2：未几，敌兵果异炮至，盖五六百人也。（《清稗类钞·冯婉贞胜英人于谢庄》）

例3：二三子何患乎无君？（《孟子·梁惠王下》）

例1中的"五六""六七"，例2中的"五六百"，都表示在这两个临近数目的范围之内；例3中的"二三"表示较少的数目。

（3）用"许""所""数""余""疆""若干"等表示约数。例如：

例1：堂高数仞，榱题数尺，我得志，弗为也。（《孟子·尽心下》）

例2：其巫，老女子也，年已七十，从弟子女十人所。（《史记·滑稽列传》）

例3：割地定制，令齐赵楚各为若干国。（《汉书·贾谊传》）

例4：军马死者十余万匹。（《汉书·食货志》）

例5：策勋十二转，赏赐百千疆。（《乐府诗集·木兰诗》）

例6：魴率吏士七十许人，力战连日。（《后汉书·冯魴传》）

例1、例3中的"数""若干"分别用在量词、名词前，例2中的"所"用在名词后，表示约数。例4、例5、例6中的"余""强""许"均与数词连用，表示约数。

6. 虚数的表述

表示多数或夸张的数是虚数。古汉语中多用具体的数字表示虚数。

(1)用"三""五""九"表示虚数。

例1：一日不见，如三秋兮！(《诗经·卫风·采葛》)

例2：复三令五申而鼓之左，妇人复大笑。(《史记·孙子吴起列传》)

例3：公输盘九设攻城之机变，而子墨子九距之。(《墨子·公输》)

例4：亦余心之所善兮，虽九死其犹未悔。(《楚辞·离骚》)

上述各例中的"三""五""九"均非实指之数，而是虚指之数。

(2)用"十二""三十六""七十二"等表示虚数。

例1：军书十二卷，卷卷有爷名。(《乐府诗集·木兰诗》)

例2：同行十二年，不知木兰是女郎。(《乐府诗集·木兰诗》)

例3：汝父子唯应急走耳，檀公三十六策，走是上计。(《南齐书·王敬则传》)。

例4：鸳鸯七十二，罗列自成行。(《乐府诗集·相逢狭路间》)

例1、例2中的"十二"不是实指十二卷、十二个年头，而是说很多卷、很长时间；例3中的"三十六计"，是说很多计策，一切计策；例4中的"七十二"亦言其多。

(3)用"百""千""万"等表示虚数。

例1：是故百战百胜，非善之善者也。(《孙子·谋攻篇》)

例2：齐田氏祖于庭，食客千人。(《列子·说符》)

例3：剑，一人敌，不足学，学万人敌。(《史记·项羽本纪》)

例4：此百世之怨，而赵之所羞，而王弗知恶焉。(《史记·平原君列传》)

在古汉语中像上述各例单用"百""千""万"的，大都表示虚指之数，而且很多沿用至今，如"百战百胜""百家争鸣""千篇一律""万紫千红"等。

(二) 数词的语法教学

1. 数词用作主语和宾语

数词作主语、宾语，往往是承接上文先行的名词，省掉了这个数词后的名词。例如：

例1：命夸蛾氏二子负二山，一厝朔东，一厝雍南。(《列子·汤问》)

例2：海内之地方千里者九，齐集有其一。以一服八，何以异于邹敌楚哉？(《孟子·梁惠王上》)

例1中的数词"一"即"一座山"，承前省略了名词"山"，作主语；例2中的数词"一""八"即"一方千里""八方千里"，两个"一"分别作动词"有"和介词"以"的宾语，"八"作动词"服"的宾语。

2. 数词用作谓语

例1：萧何功第一，曹参次之。(《史记·萧相国世家》)

例2：范增数目项王，举所佩玉玦以示之者三，项王默默不应。(《史记·项羽本纪》)

例3：魏有隐士曰侯嬴，年七十，家贫。(《史记·魏公子列传》)

例4：会天寒，士卒堕指者什二三。(《史记·高祖本纪》)

例1序数词"第一"、例2基数词"三"、例3基数词"七十"、例4分数"什二三"，都在句中作谓语。

3. 数词用作定语

数词用作定语是数词的主要用法，作定语的数词一般置于名词后，也可直接置于名词前。例如：

例1：郑商人弦高将市于周，遇之。以乘韦先牛十二犒师。(《左传·僖公三十三年》)

例2：吏二缚一人诣王。(《晏子春秋·内篇·杂下》)

例3：齐宣王使人吹竽，必三百人。(《韩非子·内储说上》)

例4：秦王以十五城请易寡人之璧，可予不？(《史记·廉颇蔺相如列传》)

例1数词"十二"用在名词"牛"后，作定语；例2数词"二"用在名词"吏"后，数词"一"用在名词"人"前，均作定语；例3数词"三百"用在名词"人"前；例4数词"十五"用在名词"城"前，均作定语。

先秦时期数词作定语，一般直接修饰名词，不用量词。所以在译成现代汉语时，需要加上量词。

4. 数词用作状语

例1：齐人三鼓。（《左传·庄公十年》）

例2：凡六出奇计。（《史记·陈丞相世家》）

例3：三顾臣于草庐之中。（《三国志·蜀书·诸葛亮传》）

例1数词"三"修饰动词"鼓"，"三鼓"即"三次擂鼓"；例2数词"六"修饰动词"出"，"六出"即"出了六次"；例3数词"三"修饰动词"顾"，"三顾"即"三次访问"。先秦、两汉时期因动量词还未产生或数量极少，所以数词修饰动词一般直接置于动词前，作状语。而现代汉语中数词修饰动词时一般同动量词相结合，置于动词后，作补语。

5. 数词用作补语

例1：若复数年，则损三分之二也，当何以图敌？（《三国志·蜀书·诸葛亮传》）

例2：夫身中大创十余，适有万金良药，故得无死。（《史记·魏其武安侯列传》）

例1分数"三分之二"作补语，补充说明损失的数目；例2约数"十余"作补语，补充说明伤的处数。

四、古汉语中的代词及其语法教学

"代替人、事物、动作行为、性状、数量等的词叫作代词。古汉语的代词同现代汉语一样，分为人称代词、指示代词和疑问代词三类，它们的共同特点是一般不受任何词类的修饰，可以作句子的主语、宾语、定语，有时可作谓语、状语。"[1]

(一) 人称代词

代替人或事物名称的代词叫人称代词，如"吾""我""予""汝""尔"

---

[1] 何静，宋天宝，彭炜明，等. 基于"词—词性"匹配模式获取的古汉语树库快速构建方法 [J]. 中文信息学报，2017，31（4）：116.

"若""之""其""彼""夫"等。人称代词又可分为第一人称代词（自称）、第二人称代词（对称）、第三人称代词（他称）。汉语从甲骨文时期就开始使用人称代词，不过那时的人称代词体系还不完备，只有第一、第二人称代词，而第三人称代词尚未正式出现，只是以指示代词"之"兼代。西周以后，人称代词有了很大发展，除第一、第二人称代词在数量和使用频数上有较大增长之外，第三人称代词也扩大为"之""其""彼""厥"等。两汉、魏晋以后，人称代词的使用出现规范的趋势。第一人称代词主要用"吾""我"，而又以"我"为常；第二人称代词逐渐集中在"汝"和"尔"两字上，唐以后又使用"你"，"你"成为第二人称最具优势的形式；第三人称代词从六朝起在口语中出现了新的形式，而"他"也从旁指代词转化为第三人称代词。至此，"我""你""他"三词已全部产生，其使用最具生命力，因而最终成为指代三种人称的规范用词。

1. 第一人称代词

（1）称呼自己的代词是第一人称代词，常用的有"我""吾""余""予"等。可以作句子的主语、宾语（包括介词宾语）和定语，有时也可作谓语。例如：

例1：我之弗辟，我无以告我先王。（《尚书·金㬅》）

例2：尔不许我，我乃屏璧与珪。（《尚书·金腾》）

例3：吾日三省吾身。（《论语·学而》）

例4：丘虽不吾誉，吾独不自知邪？（《庄子·盗跖》）

例5：余将老。（《左传·宣公十七年》）

例6：而杀余何益？（《左传·昭公十三年》）

例7：予岂好辩哉？予不得已也。（《孟子·滕文公上》）

例8：予三宿而出昼，于予心犹以为速。（《孟子·公孙丑下》）

例9：子非我，安知我不知鱼之乐？（《庄子·秋水》）

例1与例2中的"我"从甲骨文起就成为使用频率最高、指代功能最强的第一人称代词，可作句子的主语、宾语和定语。例3与例4中的"吾"是春秋战国时期普遍使用的第一人称代词，主要用作句子的主语和定语，在一定条件下，也可以作宾语。例5与例6中的"余"在甲骨文中就开始使用，主要作句子的主语、宾语，至周代，又可用作定语。例7与例8中的"予"与"余"音义相同，用法也一致，可作句子的主语、宾语和定语。上古文献中对"余"和"予"的使用有明显的歧义现象：甲骨、金文中用"余"不用"予"，《尚书》中用"予"不用"余"，《论语》中也用"予"不用"余"，而《左传》中却大量用"余"，"予"则极少见，这种现象可能是因为不同学派、不同作者有不同的师承关系。例9中的"我"作句子的谓语。

（2）当"吾"与"我"并用一句时，常常是"吾"字作主语，"我"字作宾语；或者"我"作主语，"吾"作定语。例如：

例1：我善养吾浩然之气。（《孟子·公孙丑上》）

例2：吾知子之所以距我，吾不言。（《墨子·公输》）

例3：今者吾丧我。（《庄子·齐物论》）

例1中"我"作主语，"吾"作定语；例2与例3中"吾"作主语，"我"作宾语。

（3）"吾"主要用作句子的主语和定语，在一定条件下，也可作宾语，这一定条件，除了上面例4在否定句中充当前置宾语外，还有包括以下方面。例如：

例1：夫子尝与吾言于楚，必是故也。（《左传·成公十六年》）

例2：故辟门除涂，以迎吾入。（《荀子·议兵》）

例1中的"吾"作介词"与"的宾语；例2中的"吾"用在兼语句中，既作动词"迎"的宾语，又作动词"入"的主语。

（4）在先秦古书中，第一人称代词还有"朕""台""卬"等。例如：

例1：往哉惟休，无替朕命。（《尚书·微子之命》）

例2：朕复子明辟。（《尚书·洛诰》）

例3：非台小子敢行称乱。（《尚书·汤誓》）

例4：予恐来世以台为口实。（《尚书·仲虺之诰》）

例5：人涉卬否，卬须我友。（《诗经·邶风·匏有苦叶》）

例1与例2中的"朕"在甲骨卜辞中就开始使用，绝大部分在句中作定语，《尚书》中"朕"出现八十一次，亦大多用于定语，用作主语、宾语者较少，《诗经》中用"朕"四次，主语一次，宾语三次，《论语》中用"朕"两次，均为定语，"朕"在先秦时用作一般人的自称，秦始皇统一天下后，才成为皇帝专用的自称；例3与例4中的"台"主要见于《尚书》，以作定语为主，个别的可充当宾语；例5中的"卬"主要用于《诗经》，在句中充当主语，这几个人称代词后代都不再使用了。

（5）"之"和"其"在一定的语言环境中，也可用作第一人称代词。例如：

例1：君将哀而生之乎？（柳宗元《捕蛇者说》）

例2：予所否者，天厌之！天厌之！（《论语·雍也》）

例3：今也父兄百官不我足也，恐其不能尽于大事，子为我问孟子！（《孟子·滕文公上》）

例4：孙子曰："王徒好其言，不能用其实。"（《史记·孙子吴起列传》）

例1与例2中的"之"分别作动词"生"和"厌"的宾语；例3中的"其"作充当宾语的主谓词组的主语；例4中的"其"分别作名词"言"和"实"的定语。

（6）在古汉语中，有一种称呼自身的代词，也叫反身代词，如"己""自"等，这些词可归入第一人称代词。

1）"己"主要用作宾语，有时也用作主语、定语。例如：

例1：虎不知兽畏己而走也，以为畏狐也。（《战国策·楚一》）

例2：祸福无不自己求之者。（《孟子·公孙丑上》）

例3：夫仁者，己欲立而立人，己欲达而达人。（《论语·雍也》）

例4：尧以不得舜为己忧，舜以不得禹、皋陶为己忧。（《孟子·滕文公上》）

例1中的"己"作动词"畏"的宾语；例2中的"己"作介词"自"的宾语；例3中的两个"己"充当句子的主语；例4中的"己"作名词"忧"的定语。

2）"自"一般用作主语、宾语。作宾语时要置于动词或介词之前。例如：

例1：宁信度，无自信也。（《韩非子·外储说左上》）

例2：天下事大定矣，君王自为之！（《史记·项羽本纪》）

例3：遣人立六国后，自为树党，为秦益敌也。（《史记·张耳陈余列传》）

例1中的"自"作动词"信"的前置宾语；例2中的"自"复指"君王"，作句子的主语；例3中的"自"作介词"为"的前置宾语。

2.第二人称代词

（1）称呼对方的代词叫作第二人称代词，常用的有"女""汝""尔""若""乃""而"等，一般可作句子的主语、宾语、定语。例如：

例 1：三岁贯女，莫我肯顾。（《诗经·魏风·硕鼠》）

例 2：女为君子儒！无为小人儒！（《论语·雍也》）

例 3：汝作司徒。（《尚书·舜典》）

例 4：有言逆于汝心，必求诸道。（《尚书·太甲下》）

例 5：各守尔典，以承天休。（《尚书·汤诰》）

例 6：我无尔诈，尔无我虞。（《左传·宣公十五年》）

例 7：若毒之乎？（柳宗元《捕蛇者说》）

例 8：吾翁即若翁。（《史记·项羽本纪》）

例 1 与例 2 中的"女"在甲骨、金文中就开始使用，主要用作主语、宾语，其后，个别的亦可用作定语；例 3 与例 4 中的"汝"在句中可用作主语、宾语和定语；例 5 与例 6 中的"尔"在上古时期主语、宾语、定语均可充当；例 7 与例 8 中的"若"用作人称代词时间较晚，大约在战国以后，可作句子的主语、宾语和定语。

（2）第二人称代词"乃"最早出现于甲骨文中，一般只用作定语，这一语法现象一直延续到春秋战国时期，两汉以后，偶尔也用作主语。例如：

例 1：备乃弓矢，锻乃戈矛，砺乃锋刃，无敢不善！（《尚书·费誓》）

例 2：必欲烹乃翁，幸分我一杯羹。（《汉书·项羽传》）

例 3：余嘉乃勋。（《左传·僖公十二年》）

例 4：今欲发之，乃肯从我乎？（《汉书·翟方进传》）

例 1、例 2 与例 3 中的"乃"在句中均充当定语；例 4 中的"乃"作句子的主语。

（3）第二人称代词"而"盛行于春秋时期。一般可作句子的主语、定语。例如：

例 1：嗟尔朋友，予岂不知而作？（《诗经·大雅·桑柔》）

例 2：夫差，而忘越王之杀而父乎？（《左传·定公十四年》）

例 3：欲利而身，先利而君；欲富而家，先富而国。（《韩非子·外储说右下》）

例 1 与例 3 中的"而"在句中充当定语；例 2 中的"而"分别作句子的主语和定语。

（4）第二人称代词还有一个"戎"字，很少见，主要用在《诗经》中。

例如：

例1：缵戎祖考，王躬是保。(《诗经·大雅·燕民》)

例2：戎虽小子，而式弘大。(《诗经·大雅·民劳》)

例1中的"戎"作名词"祖考"的定语；例2中的"戎"作句子的主语。

(5)"之""其"在一定的语言环境中，也可用作第二人称代词。例如：

例1：君亟定变法之虑，殆无顾天下之议之也。(《商君书·更法》)

例2：臣，范阳百姓蒯通也。窃闵公之将死，故吊之。(《汉书·蒯通传》)

例3：老臣以媪为长安君计短也，故以为其爱不若燕后。(《战国策·赵策》)

例4：今子爱谗以自危也，甚矣其惑也！(《左传·昭公二十七年》)

例1与例2中的"之"在句中分别作动词"议"和"吊"的宾语，代第二人称；例3中的"其"在充当动词"以为"宾语的主谓词组中作主语，代第二人称；例4中的"其"作句子的主语。

(6)到了隋唐时期，第二人称代词"你"的使用就已盛行。例如：

例1：我好欲放你，敢如此不逊！(《隋书·许善心传》)

例2：你能作几年可汗？(《周书·异域传下》)

3.第三人称代词

称呼自己和对方以外的人或事物的代词叫作第三人称代词。

(1)常见的有"其""之""彼""夫"等，它们可作句子的主语、宾语和定语。例如：

例1：其乡人曰："肉食者谋之，又何间焉。"(《左传·庄公十公》)

例2：发鸠之山，其上多柘木，有鸟焉，其状如乌。(《山海经·北山经》)

例3：当是时也，商君佐之。(《新书·过秦上》)

例4：驴不胜怒，蹄之。(柳宗元《三戒·黔之驴》)

例5：彼，丈夫也；我，丈夫也。吾何畏彼哉？(《孟子·滕文公上》)

例6：夫不恶女乎？(《左传·襄公二十六年》)

例1与例2中的"其"分别作名词"乡人""上"和"状"的定语；例3与例4中的"之"分别充当动词"佐""蹄"的宾语；例5中的前一个"彼"作句子的主语，后一个"彼"作动词"畏"的宾语；例6中的"夫"作句子的主语。

（2）"其""之""彼""夫"虽然都是常用的第三人称代词，但在使用上还是有所不同的。

1）"其"主要用作定语，如上所举。但有时还可充当其他成分。例如：

例1：其有功于子，可食而食之矣。（《孟子·滕文公下》）

例2：其行已也恭，其事上也敬，其养民也惠，其使民也义。（《论语·公冶长》）

例3：孟尝君使人给其食用，无使乏。（《战国策·齐四》）

例4：齐、晋、秦、楚其在成周微甚。（《史记·游侠列传》）

例5：汉使兵距之巩，令其不得西。（《史记·项羽本纪》）

例1中的"其"充当分句的主语；例2中的"其"作充当主语的主谓结构的主语；例3中的"其"作动词"给"的间接宾语；例4中的"其"作复指的主语；例5中的"其"在兼语句中作宾语。

2）"之"除了在句中主要用作宾语外，有时也可作其他成分。例如：

例1：虽曰未学，吾必谓之学矣。（《论语·学而》）

例2：助之长者，揠苗者也。（《孟子·公孙丑上》）

例3：项王乃疑范增与汉有私，稍夺之权。（《史记·项羽本纪》）

例4：于是吕太后欲废陵，乃阳迁陵为帝太傅，实夺之相权。（《汉书·王陵传》）

例1中的"之"作充当宾语的主谓结构的主语；例2中的"之"在兼语句中作宾语；例3与例4中的"之"分别作名词"权""相权"的定语。

3）"彼"除了可以作主语、宾语外，还可作定语；"夫"只可作主语和宾语。例如：

例1：岂得暴彼民哉？（《孟子·万章上》）

例2：使夫往而学焉，夫亦愈知治矣。（《左传·襄公三十一年》）

例1中的"彼"作名词"民"的定语；例2中前一个"夫"作兼语句中的宾语，后一个"夫"作分句的主语。

（3）第三人称代词还有"他""它""渠""伊"等，这几个代词是后起的，大约在汉魏以后才逐渐开始使用，而且多用在一些口语性较强、比较通俗的诗文中。例如：

例1：还它马，赦汝死罪。（《后汉书·方术列传下》）

例2：虽与府吏要，渠会永无缘。(《乐府诗集·焦仲卿妻》)

例3：女婿昨来，必为渠所窃。(《三国志·吴书·赵达传》)

例4：他自姓刁，那得韩卢后邪？(《晋书·张天锡传》)

例5：伊必能克蜀。(《世说新语·识鉴》)

例1中的"它"作动词"还"的间接宾语；例2中的"渠"作动词"会"的前置宾语；例3中的"渠"充当作宾语的主谓结构的主语；例4中的"他"作句子的主语；例5中的"伊"作句子的主语。

(4)第三人称代词"厥"不常用，在句中主要作定语。例如：

例1：无有远迩，用罪伐厥死，用德彰厥善。(《尚书·盘庚上》)

例2：故兴师遣将，以征厥罪。(《史记·卫将军骠骑列传》)

例1与例2中的"厥"分别作名词"死""善"和"罪"的定语。

4. 人称代词的单复数形式

现代汉语中，人称代词的单、复数形式不同，表示复数要在单称之后加"们"字，如"我们""你们""他们"。而古汉语的人称代词没有单、复数的区别，不论单数、复数都用同一种形式表达。例如：

例1：古我先王暨乃祖乃父，胥及逸勤。(《尚书·盘庚上》)

例2：彼竭我盈，故克之。(《左传·庄公十年》)

例3：去若不善行，学乡长之善行。(《墨子·尚同上》)

例4：颜渊季路侍。子曰："盍各言尔志?"(《论语·公冶长》)

例5：聚室而谋曰："吾与汝毕力平险，指通豫南，达于汉阴，可乎？"(《列子·汤问》)

例6：郯子之徒，其贤不及孔子。(韩愈《师说》)

代词是代替人、事物等的词，它所代替的词一般都先行出现，而根据这些先行出现的词，就可以判断出人称代词所表示的是单数还是复数，如例4中先行出现的"颜渊季路"；例5中先行出现的"室"，例6中先行出现的"郯子之徒"等，它们都是复数，由此可见，其后的人称代词"尔""汝""其"也都是表示复数的了。

此外，可在人称代词后面加"侪""属""曹""辈""等""每"等表示复数。例如：

例1：吾侪何知焉，吾子其早图之。(《左传·昭公二十四年》)

例 2：夺项王天下者，必沛公也，吾属今为之虏矣。(《史记·项羽本纪》)

例 3：如彼等者，无足与计天下事。(《史记·黥布列传》)

例 4：上以若曹无益于县官，今欲尽杀若曹。(《汉书·东方朔传》)

例 5：情之所钟，正在我辈。(《世说新语·伤逝》)

例 6：你每众秀才听着。(《琵琶记·文场选士》)

"侪""辈""曹"等用在人称代词后虽然可以表示复数，但它们同现代的"们"还是不同的。从词性而言，"侪"等并不像"们"一样是一个单纯的词尾，它们本身就有"等""类"的意思，如《史记·孙子吴起列传》中的"马有上、中、下辈"(马有上、中、下三等)；从意义而言，"侪""辈"等有"这些人""这类人"的意思，这从对以上例句的翻译中就可以看出。因此，"吾侪""若曹"同"我们""你们"不但在词的结构上不同，意思上也略有差异。此外，"侪""曹""辈"等主要用在第一、第二人称代词之后，第三人称代词后基本不用。"每"出现得比较晚，是宋元时的口语。

5. 尊称与谦称

古人为了表示礼貌或客气，对人往往用尊敬的称呼，对己则用谦逊的称呼，这就是尊称与谦称。古汉语中常用谦称来代替第一人称代词，用尊称来代替第二人称代词，谦称和尊称都是名词，不是代词，它们不受代词规律的限制。但是从本质上而言，它们实际上却承担了"我"和"你"的作用。

古汉语表示尊称和谦称的方式包含以下方面：

(1) 称人以字表示尊敬，自称以名表示谦逊。例如：

例 1：已矣，令子卿知吾心耳。(《汉书·李陵苏武传》)

例 2：如君实责我以在位久，未能助上大有为，以膏泽斯民，则某知罪矣。(王安石《答司马谏议书》)

例 3：孔子曰："三王善任智勇者，圣则丘不知。"(《列子·仲尼》)

例 4：平原君曰："胜已泄之矣。"(《战国策·赵策》)

(2) 称人以爵位或身份，如"君""王""卿""公""夫子""将军"等，表示尊敬；自称以爵位或身份，如"臣""仆""走""妾""婢子"等，表示谦逊。例如：

例 1：敢问夫子恶乎长？(《孟子·公孙丑上》)

例 2：君反其国而有私也，毋乃不可乎？(《礼记·檀弓下》)

例 3：公徐行即免死，疾行则及祸。(《史记·项羽本纪》)

例4：若晋君朝以入，则婢子夕以死。(《左传·僖公十五年》)

例5：仆非敢如是也。(司马迁《报任安书》)

例6：走虽不敏，庶斯达矣。(张衡《东京赋》)

例7：妾不堪驱使，徒留无所施。(《乐府诗集·焦仲卿妻》)

例8：诸葛亮者，卧龙也，将军岂愿见之乎？(《三国志·蜀书·诸葛亮传》)

(3) 称人以美言，如"子""吾子""夫子""先生"等，表示尊敬；称己以卑辞，如"不谷""寡人""孤"等，表示谦虚。例如：

例1：多行不义，必自毙，子姑待之。(《左传·隐公元年》)

例2：病未及死，吾子勉之！(《左传·成公二年》)

例3：夫子何命焉为？(《墨子·公输》)

例4：先生且休矣，吾将念之。(《史记·淮阴侯列传》)

例5：公曰："吾不能早用子，今急而求子，是寡人之过也。"(《左传·僖公三十年》)

例6：孤之有孔明，犹鱼之有水也。(《三国志·蜀书·诸葛亮传》)

例7：齐侯曰："岂不谷是为？先君之好是继。与不谷同好，如何？"(《左传·僖公四年》)

"寡人"是"寡德之人"的意思；"不谷"是"不善"的意思；"孤"是"孤独之人"的意思。这三个表示谦称的词只限于君王自称。

(4) 称人以"足下""左右""陛下""阁下""执事"等，表示尊敬。例如：

例1：然至齐，闻足下义甚高。(《战国策·韩二》)

例2：是仆终已不得舒愤懑以晓左右，则长逝者魂魄私恨无穷。(司马迁《报任安书》)

例3：今陛下兴义兵，诛残贼，平定天下，海内为郡县，法令由一统，自上古以来未尝有，五帝所不及。(《史记·秦始皇本纪》)

例4：今之王公大人，惟执事可以闻此言；惟愈于执事也，可以此言进。(韩愈《上张仆射书》)

例5：征兵满万，不如召募数千，阁下以为如何？(韩愈《再与鄂州柳宗丞书》)

"陛下""足下""阁下"等词都是以不直指对方，而指他的近旁来表示尊称的，如"陛下"，"陛"本指帝王宫殿的台阶。蔡邕《独断》曰："陛下者，陛，阶也。所由升堂也。天子必有近臣执兵陈于陛侧，以戒不虞。谓之陛下者，群臣与天子言，不敢指斥天子，故呼在陛下者而告之。因卑达尊之意也。上书亦如之。及群臣士庶相与曰殿下、阁下、执事之属，皆此类也。"因此，"陛下"就成为天子专用的尊称了。群臣、庶士间相互称呼的"阁下""足下""左右"等，也都属于这种情况。

(二) 指示代词

1. 近指

表示指代的人、事物、情况、性状、时间、处所等距离说话人较近，可作句子的主语、谓语、宾语、定语和状语。例如：

例1：此夫鲁国之巧伪人孔丘非邪？（《庄子·盗跖》）

例2：同是被逼迫，君尔妾亦然。（《乐府诗集·焦仲卿妻》）

例3：文王既没，文不在兹乎？（《论语·子罕》）

例4：吾祖死于是，吾父死于是。（柳宗元《捕蛇者说》）

例5：子非三闾大夫与？何故至于斯？（《楚辞·渔父》）

例6：之二虫又何知？（《庄子·逍遥游》）

例7：天何预乃事邪？（刘禹锡《天论上》）

例8：王若曰："格，汝众！"（《尚书·盘庚上》）

例1中的"此"作句子的主语；例2中的"尔"和"然"充当句子的谓语；例3中的"兹"作动词"在"的宾语；例4中的"是"与例5中的"斯"作介词"于"的宾语；例6中的"之"；例7中的"乃"分别作名词"虫""事"的定语；例8中的"若"作动词"曰"的状语。近指代词"此""是""兹"一般作主语、宾语和定语；"尔"一般作谓语、宾语和定语；"斯"主要作宾语和定语；"然"多作谓语；"之""夫""其"作定语。

2. 远指代词

表示指代的人、事物、时间、处所等距离说话人较远，常见的有"彼""夫""其""厥"等，"匪"则较少见。除"彼"可作主语、宾语、定语外，其他一般只作定语。例如：

例1：故去彼取此。（《老子·三十八章》）

例2：彼一时也，此一时也。(《孟子·公孙丑下》)

例3：彼君子兮，不素餐兮！(《诗经·魏风·伐檀》)

例4：播厥百谷，既庭且硕。(《诗经·小雅·大田》)

例5：匪直人也，秉心塞渊。(《诗经·鄘风·定之方中》)

例6：尔爱其羊，我爱其礼。(《论语·八佾》)

例7：予观夫巴陵胜状，在洞庭一湖。(范仲淹《岳阳楼记》)

例1中的"彼"作动词"去"的宾语；例2中的"彼"作句子的主语；例3中的"彼"作名词"君子"的定语；例4中的"厥"与例5中的"匪"，分别作名词"谷""人"的定语；例6中的两个"其"与例7中的"夫"，分别作名词"羊""礼""胜状"的定语。远指代词"匪"，多见于《诗经》。

3. 旁指代词

表示指代的人、事物等是范围以外的，常见的有"它""他""异""别"等。除"别"只作定语外，其他各词可作宾语和定语。例如：

例1：之死矢靡它。(《诗经·鄘风·柏舟》)

例2：它山之石，可以攻玉。(《诗经·小雅·鹤鸣》)

例3：他人不知，已独知之。(《墨子·非儒下》)

例4：吾以子为异之问，曾由与求之问。(《论语·先进》)

例5：适来无别事。(《搜神后记》)

例1中的"它"作动词"靡"的宾语；例2与例3中的"它""他"分别作名词"山""人"的定语；例4中的"异"作动词"问"的前置宾语；例5中的"别"作名词"事"的定语。

4. 逐指代词

逐指表示指代的人、事物包罗某个范围的每一个个体，常见的有"每""是""舍""夫""诸"等。"舍"可作主语，其余的词只可作定语。例如：

例1：子入太庙，每事问。(《论语·八佾》)

例2：夫人愁痛，不知所庇。(《左传·襄公八年》)

例3：诸大夫皆曰贤，未可也。(《孟子·梁惠王下》)

例4：且许子何不为陶冶，舍皆取诸其宫中而用之？(《孟子·滕文公上》)

例5：古风无手敌，新语是人知。(姚合《赠张籍太祝》)

例1中的"每"、例2中的"夫"、例3中的"诸"分别作名词"事""人""大夫"的定语；例4中的"舍"充当句子的主语；例5中的"是"作名词"人"的定语。逐指代词"每"可指代人、物，"舍"可指代物，其余的只可指代人。

5. 虚指代词

表示指代的人、事物、时间、处所等是说话人不愿说出、不必说出或不能说出的，常见的有"某""或""何"等。"某"可指代人、事、时、地，作主语、宾语、定语；"或"与"何"只可代人，"或"作主语，"何"作定语。例如：

例1：子告之曰："某在斯，某在斯。"(《论语·卫灵公》)

例2：张仪知楚绝齐也，乃出见使者曰："从某至某广从六里。"(《战国策·秦二》)

例3：某时某丧，使公主某事，不能办，以故不任公。(《汉书·项籍传》)

例4：臣夜人定后，为何人所贼伤，中臣要害。(《后汉书·来歙列传》)

例5：或谓郑相曰："子嗜鱼，何故不受？"(《新序·节士》)

例1中的"某"作句子的主语；例2中的第一个"某"作介词"从"的宾语，第二个"某"作动词"至"的宾语；例3中的第一、第三个"某"分别作名词"时""事"的定语，第二个"某"充当句子的主语；例4中的"何"作名词"人"的定语；例5中的"或"作句子的主语。

6. 分指代词

分指表示指代的人、事物、时间等是某个整体的一部分，一般都是连用两个或两个以上相同的代词，常见的有"或"和"有"。一般作主语，"或"有时也可作状语。例如：

例1：晋人或以广队不能进。(《左传·宜公十二年》)

例2：回视日观以西峰，或得日或否。(姚鼐《登泰山记》)

例3：人之学也，或失则多，或失则寡，或失则易，或失则止。(《礼记·学记》)

例4：仆常痛诗道崩坏，忽忽愤发，或食辍哺，夜辍寝。(白居易《与元九书》)

例5：吾闻一男不耕，有受其饥；一女不桑，有受其寒。(《吴越春秋·越王无余外传》)

例1、例2与例3中的"或"都充当句子的主语；例4中的"或"作动词"食"的状语；例5中的"有"作句子的主语。

7. 无指代词

无指表示排除所指代的人、事物、时间、处所等，即"没有人""没有什么"的意思，常见的有"靡""无""莫""罔""毋"等。一般作主语，"靡""无"还可作定语。例如：

例1：普天之下，莫非王土。（《诗经·小雅·北山》）

例2：二十有六年，初并天下，罔不宾服。（《史记·秦始皇本纪》）

例3：四海之内，靡不受获。（《史记·司马相如列传》）

例4：上察宗室诸窦，毋如窦婴贤，乃召婴。（《史记·魏其武安侯列传》）

例5：有怀于卫，靡日不思。（《诗经·邶风，泉水》）

例6：日与其徒上高山，入深林，穷迥溪，幽泉怪石，无远不到。（柳宗元《始得西山宴游记》）

例1中的"莫"、例2中的"罔"、例3中的"靡"与例4中的"毋"分别作各句的主语；例5中的"靡"与例6中的"无"分别作名词"日""远"的定语。应当注意的是，无指代词在使用时经常同否定副词"不""非"等连用或呼应，表示肯定。尤其是"靡""罔"，必须同否定副词连用或呼应，如上所举例句。"靡""莫""无"可代人、事物，有时也可代时间和处所；"罔""毋"则只可代人。

8. 特殊指示代词"者"

（1）同动词、形容词及其词组相结合，组成名词性词组。指代人、事物。作主语、谓语、宾语、定语。可译为"……的（人、事、物）"。例如：

例1：往者不可谏，来者犹可追。（《论语·微子》）

例2：于是葬死者，问伤者，养生者。（《国语·越语上》）

例3：晓晓者易缺，皎皎者易污。（《后汉书·黄琼传》）

例4：黄冈之地多竹，大者如椽。（王禹偁《黄州新建小竹楼记》）

例5：《齐谐》者，志怪者也。（《庄子·逍遥游》）

例6：不为者与不能者之形何以异？（《孟子·梁惠王上》）

例7：臣闻地广者粟多，国大者人众。（李斯《谏逐客书》）

例1中的"者"用在动词"往""来"之后，同它们组成名词性词组，在句中作主语；例2中的"者"分别同动词"死""伤""生"结合，组成名词性词组，作句子的宾语；例3与例4中的"者"分别用在形容词"晓晓""皎皎""大"的后面，同它们组成名词性词组，作句子的主语；例5中的"者"同动宾词组"志怪"结合，组成名词性词组，作句子的谓语；例6中的"者"同偏正词组"不为"和"不能"组成名词性的词组，作名词"形"的定语；例7中的"者"同主谓词组"地广""国大"组成名词性词组，作充当宾语的主谓词组的主语。

（2）同数词相结合，组成名词性词组。作主语、宾语和定语。可译为"……的（事）"。

例1：二者用精至矣！（《论衡·订鬼》）

例2：必不得已而去，于斯三者何先？（《论语·颜渊》）

例3：嗟夫！予尝求古仁人之心，或异二者之为，何哉？（范仲淹《岳阳楼记》）

例1、例2与例3中的"者"分别用在数词"二""三""二"之后，同它们组成名词性词组。例2中的词组作句子的主语；例3中的词组作名词"为"的定语。

（三）疑问代词

询问人、事物、情况、性状、时间、处所等的代词叫作疑问代词。如"何""安""焉""曷""孰""奚""胡""阖""盍""恶""谁""畴"等。疑问代词可以作句子的主语、宾语和定语，有的还可以作谓语、状语。作宾语时，一般要置于动词或介词之前。

1. 代询问的人

询问人的疑问代词常用"孰""谁""何"，也可用"畴""焉""安""曷"等，一般可作句子的主语、宾语，有的还可作谓语、定语。例如：

例1：孰可以代子？（《左传·襄公三年》）

例2：帝曰："畴若予工？"（《尚书·舜典》）

例3：单伯者何？吾大夫之命乎天子者也。（《公羊传·庄公元年》）

例4：孟尝君怪之，曰："此谁也？"（《战国策·齐四》）

例5：寡人即不起此病，吾将焉致乎鲁国？（《公羊传·庄公三十二年》）

例6：安忠？忠王。（《孙膑兵法·篡卒》）

例7：藐藐孤女，曷依曷恃？（陶渊明《祭程氏妹文》）

例1中的"孰"与例2中的"畴"作句子的主语；例3中的"何"与例4中的"谁"作句子的谓语；例5中的"焉"、例6中的"安"、例7中的"曷"，均作动词的前置宾语。

2. 代询问的事物

询问事物的疑问代词常见的有"何""胡""孰""奚""曷""焉""安""恶""害"等，一般可以充当句子的主语、宾语和定语，"何""奚"还可作谓语。例如：

例1：害浣害否？归宁父母。（《诗经·周南·葛覃》）

例2：礼与食孰重？（《孟子·告子下》）

例3：人之所恶何也？（《荀子·强国》）

例4：国胜君出，非祸而奚？（《说苑·善说》）

例5：欲仁而得仁，又焉贪？（《论语·尧曰》）

例6：泰山其颓，则吾将安仰？（《礼记·檀弓上》）

例7：女将恶乎比予哉？（《庄子·人间世》）

例8：即不幸有方二三千里之旱，国胡以相恤？卒然边境有急，数十百万之众，国胡以馈之？（《汉书·食货志上》）

例9：此奚疾哉？（《列子·仲尼》）

例1中的"害"与例2中的"孰"作句子的主语；例3中的"何"与例4中的"奚"作句子的谓语；例5中的"焉"与例6中的"安"作动词的前置宾语；例7中的"恶"与例8中的"胡"作介词的前置宾语；例9中的"奚"在句中作定语。

3. 代询问的时间

询问时间的疑问代词有"曷""何""奚""盍"等，"曷"可作定语、状语；"何""奚"只作定语；"盍"只作状语。例如：

例1：怀哉怀哉！曷月予还归哉？（《诗经·王风·扬之水》）

例2：故法术之士奚道得进，而人主奚时得悟乎？（《韩非子·孤愤》）

例3：然则何时而乐耶？（范仲淹《岳阳楼记》）

例4：君子其曷归？（《左传·昭公元年》）

例5：胶鬲曰："盍至？"武王曰："将以甲子至殷郊。"（《吕氏春秋·慎大

览・贵因》）

例1中的"曷"与例2中的"奚"、例3中的"何"在句中作定语；例4中的"曷"与例5中的"曷"在句中作状语。

4.代询问的原因、方式或情况

询问原因、方式或情况的疑问代词有"安""曷""何""盍""阖""胡""奚""侯""恶""焉"等。一般都可作状语。"曷""何""胡""奚"还可作介词宾语，除"胡"外又可作定语，其中"何"还可作谓语。"盍""阖"使用时，经常同否定副词"不"连用。例如：

例1：盍不出从乎？君将有行。（《管子・戒》）

例2：阖不亦问是已？（《庄子・徐无鬼》）

例3：君安与项伯有故？（《史记・项羽本纪》）

例4：焉知是而习之？（《扬子法言・学行》）

例5：地平卒齐，合而北者，何也？（《孙膑兵法・威王问》）

例6：王问："何以知之？"（《史记・廉颇蔺相如列传》）

例7：其险也若此，嗟尔远道之人，胡为乎来哉！（李白《蜀道难》）

例8：蝗螟，农夫得而杀之，奚故？为其害稼也。（《吕氏春秋・审应览・不屈》）

例1中的"盍"、例2中的"阖"、例3中的"安"、例4中的"焉"都在句中作状语；例5中的"何"作句子的谓语；例6中的"何"、例7中的"胡"作介词的前置宾语；例8中的"奚"在句中作定语。

5.代询问的处所

询问处所的疑问代词主要有"安""奚""恶""何""焉"等，在句中作宾语，其中"恶"只作介词宾语，"何"还可作定语，"焉"可作状语。例如：

例1：方此之时也，尧安在？（《韩非子・难》）

例2：子路宿于石门，晨门曰："奚自？"（《论语・宪问》）

例3：学恶乎始？恶乎终？（《荀子・劝学》）

例4：以君之力，曾不能损魁父之丘，如太行、王屋何！且焉置土石？（《列子・汤问》）

例5：二三子相顾而惊，不知身之在何境也。（晁补之《新城游北・山记》）

例1中的"安"作动词的前置宾语；例2中的"奚"、例3中的"恶"充当介词的前置宾语；例4中的"焉"作句子的状语；例5中的"何"在句中作定语。

6. 代询问的数量

询问数量的疑问代词主要有"几""几何""几所""几许""几多"等。可以作句子的谓语、宾语和定语。例如：

例1：夫有大功而无贵仕，其人能靖者与有几？（《左传·僖公二十三年》）

例2：数问其家金余尚有几所？（《汉书·疏广传》）

例3：年几何矣？（《战国策·赵四》）

例4：河汉清且浅，相去复几许？（《古诗十九首·迢迢牵牛星》）

例5：度今天下不吠者几人？（柳宗元《答韦中立论师道书》）

例6：子来几日矣？（《孟子·离娄上》）

例7：问君能有几多愁，恰似一江春水向东流。（李煜《虞美人》）

例1中的"几"与例2中的"几所"作动词的宾语；例3中的"几何"与例4中的"几许"作句子的谓语；例5、例6中的"几"与例7中的"几多"，在句中作定语。

第二节　古汉语的虚词及其语法教学

虚词一般不表示事物的实在意义，除副词外，不能单独充当句子成分，除个别副词外，不能单独回答问题。它的主要作用是帮助实词造句，完成句子结构。

一、古汉语中的副词及语法教学

修饰动词或形容词，表示程度、范围、情态、时间、语气等的词叫副词。副词属于虚词，但有实词的一些特点，如能够充当句子成分，大多用在动词或形容词谓语前作状语，少数用在谓语后作补语。副词有的可以连用或重叠，有的还可以带词尾。副词除个别外，一般不能单独回答问题。根据词汇意义，可以将副词分为以下几个方面：

（一）程度副词及语法

程度副词主要用来修饰形容词和表示心理活动的动词。在句中作状语，少数置于谓语后作补语。其中又可分为以下类别：

1. 轻度的程度副词

轻度程度副词表示动作行为或性状的程度轻微。如"裁""差""略""颇""微""小""少""稍"等。

例1：昔庆封亡，子尾多受邑而稍致诸君，君以为忠而甚宠之。（《左传·昭公十年》）

例2：拔旗投衡上，使不帆风，差轻。（《左传·宣公十二年（注）》）

例3：今病小愈，趋造于朝，我不识能至否乎？（《孟子·公孙丑下》）

例4：自殷以前诸侯不可得而谱，周以来乃颇可著。（《史记·三代世表》）

例5：太后之色少解。（《战国策·赵四》）

例6：莽色厉方，欲有所为，微见风采，党与承其指意而显奏之。（《汉书·王莽传》）

例7：赤眉使万人攻异前部，异裁出兵以救之。（《后汉书·冯异列传》）

以上各例中表示轻度的副词，除例2中的"差"用在形容词谓语前外，其余均置于动词谓语前，作状语。

2. 比较度的程度副词

比较度的程度副词表示动作行为或性状的程度同以前相比更加深了。如"更""弥""愈""兹""益""俞""有""逾""滋""益复""颇益""尤益"等。

例1：使夫往而学焉，夫亦愈治矣。（《左传·襄公三十一年》）

例2：故其乐逾繁者，其治逾寡。（《墨子·三辨》）

例3：君之病在肠胃，不治将益深。（《韩非子·喻老》）

例5：是以窦太后滋不说魏其等人。（《史记·魏其武安侯列传》）

例4：赋敛兹重，而百姓屈竭，祸在外也。（《汉书·五行志下》）

例6：舜居妫讷，内行弥谨。（《史记·五帝本纪》）

例1与例5中的程度副词置于动词谓语前，作状语；例2、例3、例4与例6中的程度副词置于形容词谓语前，作状语。

3. 高度的程度副词

高度程度副词表示动作行为或性状的程度很高，甚至达到了极点。如"极""特""良""颇""甚""大""笃""绝""奇""深""殊""最""尤""一何"等。

例1：常著文章自娱，颇示己志。（陶渊明《五柳先生传》）

例2：上既闻廉颇、李牧为人，良说。（《汉书·冯唐传》）

例3：蒨之弟芬之，字文馥。长者，好施，笃爱诸弟。（《魏书·裴叔业列传》）

例4：尝夜至丞相许戏，二人欢极。（《世说新语·雅量》）

例5：许允妇是阮卫尉女，德如妹，奇丑。（《世说新语·贤媛》）

例6：老臣今者殊不欲食。（《战国策·赵四》）

例7：今日之琴，一何悲也！（《说苑·尊贤》）

例8：伐竹取道，下见小潭，水尤清冽。（柳宗元《小石潭记》）

例9：于是饮酒乐甚，扣舷而歌之。（苏轼《赤壁赋》）

例1、例3与例6中的程度副词均用在动词谓语前，作状语；例2、例5、例7与例8中的程度副词均用在形容词谓语前，作状语；例4、例9中的程度副词均置于谓语后，作补语。

4. 过甚的程度副词

过甚程度副词表示动作行为或性状超出了某种程度。如"以""大""太""泰"等。

例1：居简而行简，无乃大简乎？（《论语·雍也》）

例2：彭更问曰："后车数十乘，从者数百人，以传食于诸侯，不以泰乎？"（《孟子·滕文公下》）

例3：太刚则折，太柔则卷。（《淮南子·氾论训》）

例4：简子谓左右："车席泰美。"（《韩非子·外储说左下》）

以上各例中的程度副词，均用在形容词谓语前，作状语。

(二) 范围副词及语法

范围副词一般用来修饰动词谓语，也有少数副词置于全句之首。在句中作状语。其中又可分为以下类型：

1. 表示共同的范围副词

共同范围副词表示动作行为是共同发出的。如"俱""相""共""齐""同""偕"等。

例1：修我甲兵，与子偕行。(《诗经·秦风·无衣》)

例2：子曰："可与共学，未可与适道。"(《论语·子罕》)

例3：婀荷甘与神农同学于老龙吉。(《庄子·知北游》)

例4：虽与之俱学，弗若之矣。(《孟子·告子上》)

例5：酒酣以往，高渐离击筑，荆轲和而歌于市中，相乐也。(《史记·刺客列传》)

例6：落霞与孤鹜齐飞，秋水共长天一色。(王勃《秋日登洪府滕王阁饯别序》)

以上各例中表示共同的范围副词，均用在动词谓语前，作状语。

2. 表示专独的范围副词

专独范围副词表示人、事物、数量及动作行为仅限于某一范围，或独自发出某一动作行为。如"才""裁""但""独""仅""特""徒""唯""唯独""惟""维""翅""啻""微""亶""第""直""只""止"等，例如：

例1：终鲜兄弟，维予与女。(《诗经·郑风·扬之水》)

例2：今数雄已灭，惟孤尚存。(《资治通鉴》汉献帝建安十三年)

例3：盘庚之迁，胥怨者民也，非特朝廷士大夫而已。(王安石《答司马谏议书》)

以上三例均表示人仅限于某一范围，例2中的"惟"置于主语前。

例4：使我解《四本》，谈不翅尔。(《世说新语·文学》)

例5：虎因喜，计之曰："技止此耳！"(柳宗元《三戒·黔之驴》)

例6：唯巨石岿然挺立耳。(《梦溪笔谈·杂志一》)

例1~例3表示事物或某种情况仅限于某一范围；例4中的"翅"一般不单独使用，常同副词"不""奚"连用；例6中的"唯"置于全句之首。

例7：安陵君受地于先王而守之，虽千里不敢易也，岂直五百里哉？(《战国策·楚策》)

例8：长沙乃才二万五千户耳。(《新书·藩强》)

例9：然众裁数万人。(《汉书·匈奴传下》)

例7～例9均表示人或事物的数量仅限于某一范围。

例10：民既专一，则勇者不得独进，怯者不得独退，此用众之法也。（《孙子·军争篇》）

例11：匈奴匿其壮士肥牛马，但见老弱及赢畜。（《史记·刘敬叔孙通列传》）

例12：吾不见人，徒见金耳。（《淮南子·氾论训》）

例13：且《太玄》今竟何用乎？不啻覆酱瓿而已。（《颜氏家训·文章》）

例14：江山之外第见风帆、沙鸟、烟云、竹树而已。（王禹偁《黄州新建小竹楼记》）

例10中的"独"表示单独发出某一动作行为，其余四例表示动作行为仅限于某一范围；例13中的"啻"一般不能单独使用，常同副词"不""匪""奚"等连用。

3. 表示相互的范围副词

（1）表示动作行为交互涉及对方或递相承接。如"更""更相""相""相与""互""交"等。

例1：渔歌互答，此乐何极！（范仲淹《岳阳楼记》）

例2：周、郑交恶。（《左传·隐公三年》）

例3：列星随旋，日月递照。（《荀子·天论》）

例4：布衣相与交，无富厚以相利。（《韩非子·五蠹》）

例5：及其衰也，亦三百余岁，故五伯更起。（《史记·主父偃列传》）

例6：母孙二人，更相为命。（李密《陈情事表》）

例7：谚所谓"辅车相依，唇亡齿寒"者，其虞虢之谓也！（《左传·僖公五年》）

以上各例中表示相互的范围副词，均用在动词谓语前，作状语，例3的"递"与例5的"更"表示递相承接，其余各例均表示交互涉及对方。

（2）"相"除表示相互之外，还可表示动作行为只涉及一方，兼有代词的作用。可译为现代汉语的"我（们）""你（们）""他、它（们）"等。例如：

例8：始吾与公为刎颈交，今王与耳旦暮且死，而公拥兵数万，不肯相救。（《史记·张耳陈余列传》）

例9：蔽林间窥之，稍出近之，勉勉然莫相知。（柳宗元《三戒·黔之驴》）

例10：足下言何其谬也，故不相答。(《世说新语·言语》)

4. 表示大都的范围副词

大都范围副词表示主语所指的人或事物大部分具有某一动作行为。如"大""多""类""率""大都""大氐""大抵""大归""大率"等。

例1：其治大放张汤而善候伺。(《史记·酷吏列传》)

例2：观古今文人，多不全了此处。(范晔《狱中与诸甥侄书》)

例3：宾客放纵，类不检节。(《后汉书·郅寿列传》)

例4：皆教以诚信不欺诈，有病自首其过，大都与黄巾相似。(《三国志·魏书·张鲁传》)

例5：至于梁陈间，率不过嘲风雪弄花草而已。(白居易《与元九书》)

以上各例中的范围副词"大""多""类""大都""率"，均用在动词谓语之前，表示主语大多具有某一动作行为。

5. 表示统括的范围副词

统括动作行为、性状的主体或对象。有的表示主语所指的人、事物都具有或承受某一动作行为；有的表示宾语所代表的人、事物都是某一动作行为涉及的对象；有的还修饰作谓语的数量词、名词，表示对人、事物、数量做总的判断。常用的词有"备""毕""皆""俱""咸""举""具""尽""遍""均""悉""凡""率""全""普""齐""总""一""都"等，例如：

例1：惟戊午，王次于河朔，群后以师毕会。(《尚书·泰誓中》)

例2：国老皆贺子文。(《左传·僖公二十七年》)

例3：事成功立，上下俱富。(《荀子·富国》)

例4：政事无巨细，咸决于亮。(《三国志·蜀书·诸葛亮传》)

例1与例2中的"毕""皆"表示主语都具有某一动作行为；例3中的"俱"表示主语都具有某一性状；例4中的"咸"表示主语都承受某一动作行为，介词"于"引出动作行为的主动者。

例5：僖子不对而泣曰："君举不信群臣乎！"(《左传·哀公六年》)

例6：尽除去先帝之故臣，更置陛下之所亲信者近之。(《史记·李斯列传》)

例7：以是人多以书假余，余因得遍观群书。(宋濂《送东阳马生序》)

例8：汉王所以具知天下厄塞，户口多少，强弱之处，民所疾苦者，以

何具得秦国图书也。(《史记·萧相国世家》)

例5~例8中表示统括的副词，均表示宾语所代表的人或事物都是某一动作行为涉及的对象。

例9：均是人也，或为大人，或为小人，何也？(《孟子·告子上》)

例10：故其著书十余万言，大抵率寓言也。(《史记·老子韩非列传》)

例11：陈胜王，凡三月。(《史记·陈涉世家》)

例12：侍中、尚书、长史、参军，此悉贞良死节之臣，愿陛下亲之信之。(《三国志·蜀书·诸葛亮传》)

例9中的范围副词置于判断词前；例10、例12中的范围副词置于名词及其词组前；例11中的范围副词置于数词前，表示对人、事物、数量做总的判断。在对译为现代汉语时，副词后一般要加判断词"是"。

(三) 时间副词及语法

表示动作行为产生、出现的时间的副词称为时间副词，这类副词主要置于动词、形容词前，有时也置于句首，作状语。其中又可分为以下类型：

1. 表示现在的时间副词

现在时间副词表示动作行为正在进行，或某种性状正在持续。如"方""鼎""正""方将"等。

例1：俯而窥其户，方食鱼飧。(《公羊传·宣公六年》)

例2：有过于江上者，见人方引婴儿而欲投之江中。(《吕氏春秋·慎大览·察今》)

例3：襄子方将食而有忧色。(《淮南子·道应训》)

例4：天子春秋鼎盛，行义未过，德泽有加焉。(《汉书·贾谊传》)

例5：水深桥梁绝，中路正徘徊。(曹操《苦寒行》)

例6：可怜身上衣正单，心忧炭贱愿天寒。(白居易《卖炭翁》)

例1例2中的"方"、例5中的"正"，均置于动词谓语之前，作状语；例4中的"鼎"、例6中的"正"，均置于形容词谓语之前，作状语；例3中的复音副词"方将"，置于动词谓语之前，作状语。

2. 表示过去的时间副词

过去时间副词表示动作行为曾经或已经发生、出现。如"尝""曾""既"

"业""既然""业已""业以""曾经"等。

例1：既克，公问其故。（《左传·庄公十年》）

例2：吾尝终日不食，终夜不寝，以思。（《论语·卫灵公》）

例3：孟尝君曾待客夜食。（《史记·孟尝君列传》）

例4：魏将庞涓闻之，去韩而归，齐军既已过而西矣。（《史记·孙子吴起列传》）

例5：良业为取履，因长跪履之。（《史记·留侯世家》）

例6：项王、范增疑沛公之有天下，业已讲解，又恶负约，恐诸侯叛之。（《史记·项羽本纪》）

例7：上默然不应，良久曰："吾业以设饮，后而自改。"（《汉书·东方朔传》）

例1、例2、例3与例5中的单音副词"既""尝""曾""业"，均置于动词谓语前，作状语；例4、例6与例7中的复音副词"既已""业已""业以"，均置于动词谓语之前，作状语。

3. 表示将来的时间副词

将来时间副词表示动作行为将要发生、出现。如"将""其""且""垂""行""当""行将""方将"等。

例1：今殷其沦丧。（《尚书·微子》）

例2：吾且柔之矣。（《左传·僖公二十八年》）

例3：鸟之将死，其鸣也哀。（《论语·泰伯》）

例4：兵箸晋阳三年矣，旦暮当拔之而飨其利。（《战国策·赵一》）

例5：今董卓垂至，诸君何不早各就国？（《后汉书·何进列传》）

例6：巨是凡人，偏在远郡，行将为人所并，岂足托乎！（《资治通鉴》汉献帝建安十三年)

例7：善万物之得时，感吾生之行休。（陶渊明《归去来兮辞并序》）

例1、例2、例3、例4、例5与例7中的单音副词"其""且""将""当""垂""行"，例6中的复音副词"行将"，均置于动词谓语之前，作状语。

4. 表示经常的时间副词

经常时间副词表示动作行为、性状经常发生或一直如此。如"恒""雅""宿""素""常""常常""从来""宿昔"等。

例1：楚国之举，恒在少者。(《左传·文公元年》)

例2：虽然，欲常常而见之，故源源而来。(《孟子·万章上》)

例3：高雅得幸于胡亥，欲立之。(《史记·蒙恬列传》)

例4：衡常思图身之事。(《后汉书·张衡列传》)

例5：权既宿服仰备，又睹亮奇雅，甚敬重之，即遣兵三万人以助备。(《三国志·蜀书·诸葛亮传》)

例6：陶饮素豪，从不见其沉醉。(《聊斋志异·黄英》)

例1、例3、例4、例5与例6中的"恒""雅""常""宿""从"，均置于动词谓语之前，作状语；例6中的"素"置于形容词谓语之前，作状语；例2的复音副词"常常"，均置于动词谓语之前，作状语。

5. 表示暂时的时间副词

暂时时间副词表示动作行为的发生、出现是暂时的。如"姑""苟""聊""暂""且""权""固""且权"等。

例1：多行不义必自毙，子姑待之。(《左传·隐公元年》)

例2：将欲歙之，必固张之。(《老子·三十六章》)

例3：人皆求福，己独曲全，曰："苟免于咎。"(《庄子·天下》)

例4：折若木以拂日兮，聊逍遥以相羊。(《楚辞·离骚》)

例5：当得家书，方欲暂还耳。(《三国志·魏书·方技传·华佗》)

例6：诏慰劳，令且还镇淮阴。(《晋书·谢安列传》)

例7：时朝廷新诛桓氏，中外多虞，乃权假循征虏将军、广州刺史、平越中郎将。(《晋书·卢循列传》)

例8：且权忍之，后视。(嵇康《家诫》)

例4中的"聊"置于形容词谓语之前，作状语。其余各例中的"姑""固""苟""暂""且""权""且权"，均置于动词谓语之前，作状语。

6. 表示长久的时间副词

长久时间副词表示动作行为、性状长久或始终存在。如"永""长""终""常""恒"等。

例1：投我以木瓜，报之以琼琚。匪报也，永以为好也。(《诗经·卫风·木瓜》)

例2：不仁者不可以久处约，不可以长处乐。(《论语·里仁》)

例3：夫是，故农之子恒为农。（《国语·齐语》）

例4：故官无常贵，而民无终贱。（《墨子·尚贤上》）

例5：吾亦欲东耳，安能郁郁久居此乎？（《史记·淮阴侯列传》）

例6：刑天舞干戚，猛志固常在。（陶渊明《读山海经·十》）

以上各例中表示长久的副词，除例4中的"常""终"置于形容词谓语之前，作状语外，其余各例中的"永""久""长""恒""常"，均置于动词谓语之前，作状语。

7. 表示初始的时间副词

初始时间副词表示动作行为发生、出现不久。如"始""初""才""裁""刚""甫"等。例如：

例1：晋侯始入而教其民。（《左传·僖公二十七年》）

例2：孝景初即位，为詹事。（《史记·魏其武安侯列传》）

例3：救之，少发则不足，多发，远县才至，则胡又已去。（《汉书·爰盎晁错传·晁错》）

例4：甫欲凿石索玉，剖蚌求珠，今乃隋和炳然，有如皎日，复何疑哉！（《三国志·蜀书·秦宓传》）

例5：裁近岸，犬即腾上，速去如飞。（《述异记》）

例6：刚有峨嵋念，秋来锡欲飞。（齐己《思游峨嵋山寄林下诸友》）

以上各例中表示初始的副词"始""初""才""甫""裁""刚"，均置于动词谓语前，作状语。

8. 表示终竟的时间副词

终竟表示动作行为终于发生、出现。如"终""卒""竟""迄""讫""卒以"等。例如：

例1：纣之百克而卒无后。（《左传·宣公十二年》）

例2：姑盟而退，修德息师而来，终必获郑，何必今日？（《左传·襄公九年》）

例3：陈胜虽已死，其所置遣侯王将相竟亡秦。（《史记·陈涉世家》）

例4：然而太尉以一节入北军，一呼，士皆左祖，为刘氏，叛诸吕，卒以灭之。（《史记·孝文本纪》）

例5：融负其高气，志在靖难，而才疏意广，迄无成功。（《后汉书·孔

融列传》)

例6：向不出其技，虎虽猛，疑畏，卒不敢取。(柳宗元《三戒·黔之驴》)

例7：二人讫拔其城。(《新唐书·刘仁轨列传》)

以上各例中表示终竟的副词"卒""终""竟""卒以""迄""讫"，均置于动词谓语前，作状语。

9. 表示急速的时间副词

急速时间副词表示动作行为发生、出现得很快。如"速""遽""骤""即""亟""疾""急""立""卒""倏""忽""登""旋""便""旋即""登时""登即"等。

例1：我死，乃亟去之。(《左传·隐公十一年》)

例2：仆人以告，公遽见之。(《左传·僖公二十四年》)

例3：杞伯于是骤朝于晋，而请为昏。(《左传·成公十八年》)

例4：沛公至军，立诛杀曹无伤。(《史记·项羽本纪》)

例5：登即相许和，便可作婚姻。(《乐府诗集·焦仲卿妻》)

例6：牧遣使慰譬，登皆首服。(《三国志·吴书·钟离牧传(注)》)

例7：贼众大惊，登时走散。(《北史·祖莹列传·祖珽》)

例8：行之未几，旋即厘改。(《宋史·范仲淹列传》)

以上各例中表示急速的单音副词"亟""遽""骤""立""便""登"，复音副词"登即""登时""旋即"，均置于动词谓语前，作状语。

10. 表示承接的时间副词

表示时间上先后相继，或事理上先后相承。如"乃""既""遂""即""然""如""斯""焉""便""旋""既而""斯须"等。例如：

例1：刿曰："肉食者鄙，未能远谋。"乃入见。(《左传·庄公十年》)

例2：楚人亦惧王之入晋军也，遂出陈。(《左传·宣公十二年》)

例3：当遂枚木，不能尽内，既烧之。(《墨子·号令》)

例4：楚成王以商臣为太子，既而又欲置公子职。(《韩非子·内储说下》)

例5：即作汤三升，先服一升，斯须尽服之。(《三国志·魏书·方技传·华佗》)

例1、例2与例3中的"乃""遂""既"，均置于动词谓语之前，表示后一动作行为紧接着前一动作行为发生、出现，可译为"就"；例4的"既而"、例5的"斯须"，均置于动词谓语之前，表示后一动作行为或情况距前一动作行为或情况不久后发生，可译为"不久""一会儿"。

例6：贱即买，贵则卖。（《盐铁论·本议》）

例7：见象牙乃知其大于牛，见虎尾乃知其大于狸，一节见而百节知也。（《淮南子·说林训》）

例8：凡为名者必廉，廉斯贫；为名者必让，让斯贱。（《列子·杨朱》）

以上三例中表示承接的副词，"即""乃"置于动词谓语之前，"斯"用在形容词谓语前，均表示事理上的先后相承，即前一分句是条件，后一分句是结果。

(四) 重复副词及语法

表示动作行为连续或重复的副词称为重复副词，这类副词主要置于动词谓语前，作状语，其中又可分为以下类型：

1. 表示重复的重复副词

表示动作行为再次或重复发生、出现。如"更""复""再""又""还""重"等。

例1：在此行也，晋不更举矣。（《左传·僖公五年》）

例2：有复言令长安君为质者，老妇必唾其面。（《战国策·赵四》）

例3：时乎时，不再来。（《史记·淮阴侯列传》）

例4：虽我之死，有子存焉，子又生孙，孙又生子，子又有子，子又有孙，子子孙孙无穷匮也。（《列子·汤问》）

例5：越明年，政通人和，百废具兴。乃重修岳阳楼。（范仲淹《岳阳楼记》）

例6：以父忧废业，母又诫之曰："汝父卒日，令汝远就崔生，希有成立。今已过期，宜遵成命。"绍还赴学。（《魏书·范绍列传》）

以上各例中表示重复的副词"更""复""再""又""还""重"，均置于动词谓语之前，作状语。

2. 表示多次、连续的重复副词

表示动作行为或某种情况连续或多次发生、出现。如"屡""娄""亟""连""累""数""频"等。例如：

例1：君子屡盟，乱是用长。（《诗经·小雅·巧言》）

例 2：绥万邦，娄丰年。（《诗经·周颂·桓》）

例 3：爱共叔段，欲立之，亟请于武公，公弗许。（《左传·隐公元年》）

例 4：于是田荣弟横收得亡卒数万人，反城阳。羽因留，连战未能下。（《汉书·项籍传》）

例 5：是时地数震裂，众灾频降。（《后汉书·李云列传》）

例 6：大将军邓骘奇其才，累召不应。（《后汉书·张衡列传》）

以上各例中表示连续或多次的副词，除例 2 的"娄"用在名词谓语"丰年"前之外，其余各例中的"屡""亟""连""累""数""频"，均置于动词谓语之前，作状语。

3. 表示补充、追加的重复副词

补充、追加表示后一动作行为是前一动作行为的追加、补充。此类副词数量较少。如"兼"等。

例 1：永乃发愤读书，涉猎经史，兼有才笔。（《魏书·傅永列传》）

例 2：宠虽传法律，而兼通经书。（《后汉书·陈宠列传》）

例 1、例 2 中的副词"兼"置于动词谓语之前，作状语。

4. 表示交替、轮流的重复副词

交替、轮流表示动作行为交替或按顺序发生、出现。如"递""迭""间""更""掉""交""代""错""相""狎"等。例如：

例 1：列星随旋，日月递照。（《荀子·天论》）

例 2：辟如四时之错时，如日月之代明。（《礼记·中庸》）

例 3：天下者高祖天下，父子相传，此汉之约也。（《史记·魏其武安侯列传》）

例 4：弟兄迭为君而致国乎季子。（《公羊传·襄公二十九年》）

例 5：乃间歌《鱼丽》，笙《由庚》；歌《南有嘉鱼》，笙《崇丘》；歌《南山有台》，笙《由仪》。（《仪礼·燕礼》）

例 6：未及还，会布救兵至，三面掉战。（《三国志·魏书·典韦传》）

例 7：又二百余年，遂为三国交据之地。（陈亮《上孝宗皇帝第一书》）

例 1 中的"递"、例 2 中的"错""代"、例 6 中的"掉"与例 7 中的"交"，均置于动词谓语之前，表示动作行为交替进行；例 3 中的"相"、例 4 中的"迭"、例 5 中的"间"，均置于动词谓语之前，表示动作行为按顺序进行。

(五) 否定副词及语法

表示否定或劝阻、禁止的副词称为否定副词，这类副词除可以修饰作谓语的动词、形容词外，还可修饰作谓语的数词、名词以及其他副词，在句中作状语。有时也可以用在对话中，独立回答问题。

1. 表示否定的否定副词

表示对动作行为、性状或某种情况的否定。如"不""无""未""弗""莫""非""匪""微""否""靡""蔑""末""亡""罔"等。例如：

例1：今币重而言甘，诱我也，不如无往。(《左传·昭公十一年》)

例2：肉食者鄙，未能远谋。(《左传·庄公十年》)

例3：吾令鸩为媒兮，鸩告余以不好。(《楚辞·离骚》)

例4：其得罪于君也，将弗久矣。(《庄子·徐无鬼》)

例5：三岁贯女，莫我肯顾。(《诗经·魏风·硕鼠》)

例6：我心匪石，不可转也。我心匪席，不可卷也。(《诗经·邶风·柏舟》)

例7：利不百，不变法；功不十，不易器。(《商君书·更法》)

例8：曰："自织之与?"曰："否，以粟易之。"(《孟子·滕文公上》)

例1的"无"置于动词谓语之前；例2的"未"置于助动词之前；例3的"不"与例4的"弗"置于形容词谓语之前；例5的"莫"置于前置代词宾语之前；例6的"匪"置于名词谓语之前；例7的"不"置于作谓语的数词之前；例8的"否"在对话中独立成句，均表示否定。

2. 表示劝阻、禁止的否定副词

劝阻、禁止否定副词表示对动作行为的禁止、劝阻，如"无""莫""不""毋""勿""休""弗""末""罔"等。例如：

例1：汝无侮老成人，无弱孤有幼。(《尚书·盘庚上》)

例2：敌人远吾，欲以火器困吾也。急逐弗失! (《清稗类钞·冯婉贞胜英人于谢庄》)

例3：明日徙舍，斩有罪者以徇，曰："莫如此不用王命。"(《国语·吴语》)

例4：愿诸君勿复言。(《三国志·蜀书·诸葛亮传》)

例5：劝君休叹恨，未必不为福。(杜甫《戏赠友·二》)

例6：盟于督扬，曰："大毋侵小。"(《左传·襄公十九年》)

例1的"无"、例3的"莫"、例4的"勿"与例5的"休"，均置于动词谓语之前，表示劝止；例2的"弗"与例6的"毋"，均置于动词谓语之前，表示禁止。

3. 表示不存在的否定副词

不存在表示动作行为或某种情况没有发生、出现，如"无""未""靡""蔑""末""亡"等，此类副词一般要对译为"没"或"没有"。例如：

例1：四国皆有分，我独无有。(《左传·昭公十二年》)

例2：封疆之削，何国蔑有？(《左传·昭公元年》)

例3：不幸短命死矣，今也则亡，未闻好学者也。(《论语·雍也》)

例4：四弟曰："吾末予子酒矣。"(《墨子·公孟》)

例5：常苦枯旱，亡有平岁，谷贾翔贵。(《汉书·食货志上》)

例6：凡货，金钱布帛之用，夏、殷以前其详靡记云。(《汉书·食货志下》)

例1的"无"、例2的"蔑"与例5的"亡"，均用在表示存在的动词"有"之前，表示对存在的否定，译为"没"；例3的"未"与例4的"末"与例6的"靡"，置于动词谓语之前，表示动作行为没有发生、出现，译为"没有"。

(六) 语气副词及语法

表示句子语气的副词称为语气副词，这类副词置于作谓语的动词、形容词、名词之前，作状语。在使用中，语气副词往往同语气词相呼应。语气副词可分为以下类型：

1. 表示肯定强调的语气副词

肯定强调副词表示对动作行为、性状、人、事物或某种情况的肯定、强调，如"必""诚""固""即""乃""定""实""决""则""断""端""诚实"等。

例1：之子于归，远送于南，瞻望弗及，实劳我心。(《诗经·邶风·燕燕》)

例2：诚既勇兮又以武，终刚强兮不可凌。(《楚辞·九歌·国殇》)

例3：饿不苟食，死不苟生，此乃有法之常也。(《商君书·画策》)

例4：此固国家之珍而社稷之佐也！（《墨子·尚贤上》）

例5：物不能澹则必争，争则必乱，乱则穷矣。（《荀子·王制》）

例6：项梁闻陈王定死，召诸别将会薛计事。（《史记·项羽本纪》）

例7：梁父即楚将项燕。（《史记·项羽本纪》）

例8：贾子厚诚实凶德，然洗心向善。（《后汉书·郭太列传》）

例1的"实"、例5的前一个"必"、例6的"定"，置于动词谓语之前；例5的后一个"必"与例2的"诚"，置于形容词谓语之前；例3的"乃"、例4的"固"、例7的"即"、例8的"诚实"，置于名词谓语之前，分别表示对动作行为、性状、人、事物或某种情况的强调、肯定。

2. 表示反诘的语气副词

反诘的语气副词即用反问的形式，表示肯定或否定的意思。如"其""焉""胡""安""何""恶""岂""宁""易""那""庸""渠""讵""巨""得""岂巨""岂其"等。

例1：若火之燎于原，不可向迩，其犹可扑灭？（《尚书·盘庚上》）

例2：割鸡焉用牛刀？（《论语·阳货》）

例3：雍姬知之，谓其母曰："父与夫孰亲？"其母曰："人尽夫也，父一而已，胡可比也？"（《左传·桓公十五年》）

例4：其母不爱，安能爱君？（《韩非子·难一》）

例5：徐公何能及君也！（《战国策·齐一》）

例6：由此观之，恶有不战者乎？（《战国策·秦一》）

例7：沛公不先破关中，公岂敢入乎？（《史记·项羽本纪》）

例8：王侯将相宁有种乎！（《史记·陈涉世家》）

以上各例中表示反诘语气的副词，均用在动词性谓语前，作状语。

3. 表示相反的语气副词

相反的语气副词表示前后两种情况相反或对立，如"反""顾""乃""独""更""固""却""徒""还""顾反"等。例如：

例1：不我能慉，反以我为仇。（《诗经·邶风·谷风》）

例2：故仲尼反为臣，而哀公顾为君。（《韩非子·五蠹》）

例3：越鸡不能伏鹄卵，鲁鸡固能矣。（《庄子·庚桑楚》）

例4：臣以失令过期，更不用侵辱教，王之惠也。（《战国策·赵二》）

例5：今萧何未尝有汗马之劳，徒持文墨议论，不战，顾反居臣等上，何也？（《史记·萧相国世家》）

例6：且矫魏王令，夺晋鄙兵以救赵，于赵则有功矣，于魏则未为忠臣也。公子乃自骄而功之，窃为公子不取也。（《史记·魏公子列传》）

例7：太公、伊尹以如此，龙逢、比干独如彼，岂不哀哉！（《汉书·东方朔传》）

例8：昨被召来，今却得还。（《搜神记·贾文合》）

以上各例中表示相反语气的副词，均置于动词谓语之前，作状语，可对译为"反而"或"却"，表示前后两种情况相反或对立。

4. 表示估量、揣测的语气副词

估量、揣测的语气副词表示对动作行为、性状、数量或某种情况的揣测、估计，如"或""若""庶""似""殆""可""盖""约""其""迨""罔""无乃""或者""仿佛""庶几""亡虑"等。例如：

例1：君姑修政而亲兄弟之国，庶免于难。（《左传·桓公六年》）

例2：居简而行简，无乃大简乎？（《论语·雍也》）

例3：若闻蔡将先卫，信乎？（《左传·定公四年》）

例4：昔者辞以病，今日吊，率考不可乎？（《孟子·公孙丑下》）

例5：吾闻圣人不相，殆先生乎？（《史记·范睢蔡泽列传》）

例6：匈奴亦纵可万骑。（《史记·卫将军骠骑列传》）

例7：周之建国也，盖千八百诸侯。（《盐铁论·轻重》）

例8：山有小口，仿佛若有光。（陶渊明《桃花源记并序》）

例1的"庶"与例3的"若"、例4的"率"，置于动词谓语之前，表示对动作行为的揣测、估计；例5的"殆"置于名词谓语之前，表示对某种情况的揣测、估计；例6的"可"与例7的"盖"，分别置于带有数量词的名词谓语之前，表示对数量的揣测、估计。例2与例8中的复音副词"无乃""仿佛"，分别置于动词或形容词谓语之前，表示对动作行为或性状的揣测、估计。

5. 表示祈请、希望的语气副词

祈请、希望的语气副词表示希望产生、出现某一动作行为。如"尚""上""其""唯""惟""实""岂""庶""幸"等。例如：

例1：勖哉夫子！尚桓桓如虎如貔如熊如罴，于商郊！（《尚书·牧誓》）

例2：阙秦以利晋，唯君图之。（《左传·僖公三十年》）

例3：攻之不克，围之不继，吾其还也。（《左传·僖公三十三年》）

例4：敢布腹心，君实图之！（《左传·宣公十二年》）

例5：幸来告语之，吾亦往送女。（《史记·滑稽列传》）

例6：故敢略陈其愚，惟君子察焉。（杨恽《报孙会宗书》）

例1的"尚"、例3的"其"、例4的"实"与例5的"幸"，均置于动词谓语之前；例2的"唯"与例6的"惟"，均用在句首，表示希望产生、出现某一动作行为。

6. 表示出乎意料的语气副词

出乎意料的语气副词表示动作行为或某种情况的发生、出现出乎意料，或表示对事情真相的追究。如"曾""宁""果""竟""乃""端""固""定"等。例如：

例1：谁谓河广？曾不容刀。（《诗经·卫风·河广》）

例2：吾所以亡者，果何故哉？（《吕氏春秋·季秋纪·审己》）

例3：孟子言："其间必有名世者，竟谓谁也？"（《论衡·刺孟》）

例4：及吕后时，事多故矣，然平竟自脱。（《史记·陈丞相世家》）

例5：问今是何世，乃不知有汉，无论魏、晋。（陶渊明《桃花源记并序》）

例6：卿云艾艾，定是几"艾"？（《世说新语·言语》）

例7：其辱人贱行，视五人之死，轻重固何如哉？（张溥《五人墓碑记》）

例1的"曾"、例4的"竟"、例5的"乃"，均置于动词谓语之前，表示出人意料；例2的"果"、例3的"竟"、例6的"定"、例7的"固"，分别置于动词、形容词或名词谓语前，表示追根问底。表示出乎意料多为叙述句，表示追究根底一般用疑问句。

7. 表示接近的语气副词

接近的语气副词表示人、事物等接近某一情况或数量。如"苟""将""汔""几""危""且""恕""垂""殆"等。

例1：子谓卫公子荆："善居室。始有，曰：'苟合矣。'少有，曰：'苟完矣。'富有，曰：'苟美矣。'"（《论语·子路》）

例2：今滕，绝长补短，将五十里也，犹可以为善国。（《孟子·滕文公上》）

例3：汉王辍食吐哺，骂曰："竖儒，几败而公事！"（《史记·留侯世家》）

例4：今儿安在？危杀之矣！（《汉书·孝成赵皇后传》）

例5：北山愚公者，年且九十，面山而居。（《列子·汤问》）

例6：雄据巴、汉垂三十年。（《三国志·魏书·张鲁传》）

例7：兵及陈涛，为贼所败，丧师殆尽。（《旧唐书·郭子仪列传》）

例1的"苟"用在形容词谓语之前；例2的"将"、例5的"且"、例6的"垂"，用在数量词谓语之前；例3的"几"、例4的"危"、例7的"殆"，用在动词谓语之前，分别表示接近某一情况或数量。

8. 表示让步的语气副词

让步的语气副词即提出更甚的事做衬托，表示甲事尚且如此，乙事更不用说，这类副词往往用在复句的前一分句，常同后一分句表示进层的连词"况""且""矧""而况""何乃"，表示反诘的副词"安""胡"等相呼应。如"乃""犹""而""且""尚""曾""其""犹尚""犹若""且犹""且由"等。例如：

例1：若考作室，既底法；厥子乃弗肯堂，矧肯构？（《尚书·大诰》）

例2：蔓草犹不可除，况君之宠弟乎？（《左传·隐公元年》）

例3：亲以宠偪，犹尚害之，况以国乎？（《左传·僖公五年》）

例4：管仲且犹不可召，而况不为管仲者乎？（《孟子·公孙丑下》）

例5：中主犹若不能有其民，而况于暴君乎？（《吕氏春秋·孟秋纪·荡兵》）

例6：臣死且不避，卮酒安足辞！（《史记·项羽本纪》）

例7：今将军尚不得夜行，何乃故也！（《史记·李将军列传》）

例8：善且由弗为，况不善乎？（《淮南子·说山训》）

例1的"乃"与"矧"相呼应，例2的"犹"、例3的"犹尚"、例8的"且由"与"况"相呼应，例4的"且犹"、例5的"犹若"与"而况"相呼应，例6的"且"与"安"相呼应，例7的"尚"与"何乃"相呼应，均表示让步。

9. 表示劝告叮嘱的语气副词

劝告叮嘱的语气副词表示对人的某种行为的叮嘱、劝告。此类副词常与否定副词连用，有的也可独立运用。如"善""慎""眘""千万""万万""万"

等。例如：

例1：子善视之。（《左传·昭公十二年》）

例2：谨守成皋，则汉欲挑战，慎勿与战，毋令得东而已。（《史记·项羽本纪》）

例3：此饰说也，王睿勿予！（《史记·平原君虞卿列传》）

例4：如过亳州，只约黎、曹二君，南台相见，勿入城，千万！千万！（欧阳修《与二寺丞》）

例5：惟万万宽中强食！（苏轼《与文郎》）

例6：如其不然，万勿置后。（夏完淳《狱中上母书》）

例1的"善"、例2的"慎"、例3的"睿"、例5的"万万"、例6的"万"，均置于动词谓语之前，作状语，其中"慎""睿""万"与否定副词连用；例4的"千万"独立成句，其后省略了动词谓语。

（七）情态副词及语法

表示动作行为的情势、状态及其发展变化的副词称为情态副词，这类副词主要置于动词、形容词前，作状语。有的可带词尾"然""尔""焉"等。其中又可分为以下类型：

1. 表示侥幸、恰巧的情态副词

侥幸、恰巧的情态副词表示动作行为或情况巧合、侥幸。如"会""适""幸""正""恰"等。例如：

例1：诞置之平林，会伐平林。（《诗经·大雅·生民》）

例2：夫身中大创十余，适有万金良药，故得无死。（《史记·魏其武安侯列传》）

例3：幸赖先人余业得备宿卫。（《汉书·杨恽传》）

例4：平原不在，正见清河。（《世说新语·自新》）

例5：一夜青蛙鸣到晓，恰如方口钓鱼时。（韩愈《盆池》）

例1的"会"、例2的"适"、例3的"幸"、例4的"正"、例5的"恰"，均用在动词谓语前，作状语。

2. 表示原本如此的情态副词

原本如此的情态副词表示动作行为或情况本来就是如此。如

"故""本""元""固""原""元来"等。例如：

例1：管仲曰："微君言，臣故将谒之。"（《韩非子·难一》）

例2：苍本好书，无所不观，无所不通，而尤善律历。（《史记·张丞相列传》）

例3：推其所由，似元不解音声；览其旨趣，亦未达礼乐之情也。（嵇康《琴赋·序》）

例4：若然，比、赋、兴元来不分，则唯有风、雅、颂三诗而已。（《诗经·周南·关雎(序疏)》）

例5：生乎吾前，其闻道也固先乎吾，吾从而师之。（韩愈《师说》）

例6：唯夫代有升降，而法不相沿，各极其变，各穷其趣，所以可贵，原不可以优劣论也。（袁宏道《叙小修诗》）

例1的"故"、例2的"本"、例3的"元"、例4的"元来"、例6的"原"，均置于动词谓语前；例5的"固"置于形容词谓语前，都在句中作状语。

3. 表示依然不变的情态副词

依然不变的情态副词表示动作行为或性状保持原状，没有发生变化。如"由""故""犹""仍""且""尚""犹且"等。例如：

例1：舜为法于天下，可传于后世，我由未免为乡人也，是则可忧也。（《孟子·离娄下》）

例2：义帝虽然无功，故当分其地而王之。（《史记·项羽本纪》）

例3：国虽大，人虽众，兵犹且弱也。（《淮南子·兵略训》）

例4：汉兴，仍袭秦制，置中常侍官。（《后汉书·宦者列传》）

例5：三径就荒，松菊犹存。（陶渊明《归去来兮辞并序》）

例6：今日知消息，他乡且旧居。（杜甫《得家书·一》）

例7：视其缶，而吾蛇尚存。（柳宗元《捕蛇者说》）

例1的"由"、例2的"故"、例4的"仍"、例5的"犹"、例7的"尚"，均置于动词谓语前，作状语；例3的"犹且"置于形容词谓语前，例6的"且"置于名词谓语前，均作状语。

4. 表示突然的情态副词

突然的情态副词表示动作行为急遽发生、出现，出人意料。如"忽"

"突""骤""俄""忽然""勃然""突而""突然""忽而""忽焉"等。例如：

例1：未几见兮，突而弁兮。(《诗经·齐风·甫田》)

例2：瞻之在前，忽焉在后。(《论语·子罕》)

例3：荡荡乎！忽然出，勃然动，而万物从之乎！(《庄子·天地》)

例4：忽反顾以游目兮，将往观乎四荒。(《楚辞·离骚》)

例5：时王莽贵人魏氏宾客放从，延率吏突入其家捕之。(《后汉书·虞延列传》)

例6：犬匿于穴中伺人，人不意之，突然而出也。(徐锴《说文系传(注)》)

例7：足下身为司谏，乃耳目之官，当其骤用时，何不一为天子辨其不贤，反默默无一语。(欧阳修《与高司谏书》)

例1的"突"、例2的"忽"、例3的"忽""勃"与例6的"突"，分别同词尾"而""焉""然"组成复音副词，置于动词前，作状语。其中例6的"突然"与动词之间，有连词"而"连接。例4的"忽"、例5的"突"与例7的"骤"，均置于动词前，作状语。

5. 表示偶然的情态副词

偶然的情态副词表示动作行为是偶然发生、出现的。如"偶""间""时""偶然"等。例如：

例1：数月之后，时时而间进。(《战国策·齐一》)

例2：陛下用臣计，幸而时中，臣愿封留足矣，不敢当三万户。(《史记·留侯世家》)

例3：有顷，佗偶至主人许，主人令佗视平。(《三国志·魏书·方技传·华佗》)

例4：向之来，非有取于斗升之禄，偶然得之，非其所乐。(苏辙《上枢密韩太尉书》)

例1的"间"、例2的"时"、例3的"偶"、例4的"偶然"，均置于动词谓语前，作状语。

6. 表示尽管的情态副词

表示尽管的情态副词表示进行某种动作行为时不必有任何顾虑或不受任何条件限制。如"弟""第""地""但"等。

例1：君弟重射，臣能令君胜。(《史记·孙子吴起列传》)

例2：上曰："汝第往，吾今使人召若。"（《汉书·申屠嘉传》）

例3：西曹地忍之，此不过污丞相车茵耳。（《汉书·丙吉传》）

例4：尚让慰晓市人曰："黄王为生灵，不似李家不恤汝辈，但各安家。"（《旧唐书·黄巢列传》）

以上各例中的"弟""第""地""但"，均用在动词谓语前，作状语，可译为"只管"或"尽管"。

7. 表示逐渐的情态副词

逐渐的情态副词表示动作行为或性状是逐渐发生、变化的。如"渐""益""稍""徐""渐渐""稍稍"等。例如：

例1：聊须臾以时忘兮，心渐渐其烦错。（《楚辞·九叹·忧苦》）

例2：坐乃起更衣，稍稍去。（《史记·魏其武安侯列传》）

例3：自缪公以来，稍蚕食诸侯，竟成始皇。（《史记·秦始皇本纪》）

例4：此虽小失，而渐坏旧章。（《汉书·李固列传》）

例5：原流泉浡，冲而徐盈；混混滑滑，浊而徐清。（《淮南子·原道训》）

例6：益习其声，又进出前后，终不敢搏。（柳宗元《三戒·黔之驴》）

例1的"渐渐"与例2的"稍稍"是由两个相同的字组成的复音副词，其分别置于形容词、动词前，作状语；例3的"稍"、例4的"渐"、例6的"益"，均置于动词前，作状语；例5的"徐"置于形容词前，作状语。

8. 表示空枉的情态副词

表示空枉的情态副词表示没有达到预期的目的、没有取得应有的效果或不付任何代价，如"徒""空""虚""但""白""亶""素""枉""徒然"等。例如：

例1：欲予秦，秦城恐不可得，徒见欺。（《史记·廉颇蔺相如列传》）

例2：其母为言曰："今遣少子，未必能生中子也，而先空亡长男，奈何？"（《史记·越王勾践世家》）

例3：朱公长男以为赦，弟固当出也，重千金虚弃庄生，无所为也。（《史记·越王勾践世家》）

例4：何但远走，亡匿于幕北寒苦无水草之地为？（《汉书·匈奴传上》）

例5：亶费精神于此。（《汉书·扬雄传下》）

例6：更不支得价钱，令人户白纳。（欧阳修《乞放行牛皮胶鳔》）

例7：瞻彼景山，徒然望慕。（任昉《为范始兴作求立太宰碑表》）

例1的"徒"、例2的"空"、例3的"虚"、例4的"但"、例5的"亶"、例6的"白"与例7的"徒然",分别置于动词谓语前,作状语。

9. 表示暗地的情态副词

表示暗地的情态副词表示动作行为是暗中进行的。如"潜""微""阴""窃""私""偷""间"等。例如:

例1:晋侯潜会秦伯于王城。(《左传·僖公二十四年》)

例2:司马喜,中山君之臣也,而善于赵,尝以中山之谋微告赵王。(《韩非子·内储说下·六微》)

例3:君不如令弊邑阴合于秦而君无攻,又无借兵乞食。(《战国策·西周》)

例4:弟子皆窃骂。(《史记·刘敬叔孙通列传》)

例5:王稽知范雎贤,谓曰:"先生待我于三亭之南。"与私约而去。(《史记·范雎蔡泽列传》)

例6:大妇怨空闺,中妇夜偷啼。(陈叔宝《三妇艳词·九》)

以上各例中的"潜""微""阴""窃""私""偷",均用在动词谓语前,作状语。

(八) 敬谦副词及语法

表示尊敬和表示谦卑的副词称为敬谦副词,这类词用在动词前,作状语。其中有的只含敬谦之义,不能对译为现代汉语,这种用法一般用在对话中。

1. 表示谦卑的敬谦副词

表示谦卑的敬谦副词如"敢""窃""伏""忝""猥""叨"等,例如:

例1:曰:"敢问死。"曰:"未知生,焉知死。"(《论语·先进》)

例2:臣闻吏议逐客,窃以为过矣。(《史记·李斯列传》)

例3:伏闻太子玉体不安,亦少间乎?(枚乘《七发》)

例4:弼大怒曰:"太守忝荷重任,当选士报国,尔何人而伪诈无状!"(《后汉书·史弼列传》)

例5:先帝不以臣卑鄙,猥自枉屈,三顾臣于草庐之中。(《三国志·蜀书·诸葛亮传》)

例6：有愧叨承国士恩。（李白《下途归石门旧居》）

以上各例中的"敢""窃""伏""忝""猥""叨"，均置于动词谓语之前，作状语，表示谦卑。

2.表示尊敬的敬谦副词

表示尊敬的敬谦副词如"请""惠""辱""敬""谨""幸""蒙""垂""借"等，例如：

例1：请问其目。（《论语·颜渊》）

例2：若惠顾前好，徼福于厉、宣、桓、武，不泯其社稷。（《左传·宣公十二年》）

例3：寡君若得而食之，不厌，君何辱讨焉！（《左传·僖公三十三年》）

例4：谓夜姑曰："吾始使盾佐女，今女佐盾矣。"夜姑曰："敬诺。"（《谷梁传·文公六年》）

例5：谨使臣良奉白璧一双，再拜献大王足下。（《史记·项羽本纪》）

例6：先生何以幸教寡人？（《史记·范睢蔡泽列传》）

例7：三年于今，未蒙省录。（《后汉书·班超列传》）

例8：请诉之，愿大人垂听。（马中锡《中山狼传》）

以上各例中的"请""惠""辱""敬""谨""幸""蒙""垂"，均置于动词谓语之前，作状语，表示对人的尊敬。

二、古汉语中的介词及语法

把名词、代词或各种词组介绍给作谓语的动词或形容词，以表示时间、地点、原因、目的、方式、对象等的词叫介词。介词没有实在意义，不能单独使用，只有与名词、代词及其词组组成介宾结构，才能充当句子成分。介宾结构在句子中主要作状语、补语，有时可作定语、谓语。介词可以分为以下方面：

（一）时间与处所介词及语法

1.时间介词

表示时间的介词其中包括动作行为发生的时间以及起止的时间。如"于""乎""自""在""由""方""当""为""从""比""及""逮""虖""以""竟"

"繇""洎""暨""至"等。

例1：子于是日哭，则不歌。（《论语·述而》）

例2：当此之时也，民知其母而不知其父。（《商君书·开塞》）

例3：方其梦也，不知其梦也。（《庄子·齐物论》）

例4：吾独穷困乎此时也！（《楚辞·离骚》）

例5：为其来也，臣请缚一人过王而行。（《晏子春秋·内篇·杂下》）

例6：文以五月五日生。（《史记·孟尝君列传》）

例7：齐、晋、秦、楚其在成周微甚，封或百里或五十里。（《史记·十二诸侯年表》）

例1～例7中的"于""当""方""乎""为""以""在"，均同其后的词或词组组成介宾结构。例1、例3、例6置于动词谓语之前，例7置于形容词谓语之前，例2、例5置于句首，充当状语；例4置于形容词谓语之后，作补语。都表示动作行为或情况发生的时间。

例8：晋于是始墨。（《左传·僖公三十三年》）

例9：由尧、舜至于汤，五百有余岁。（《孟子·尽心下》）

例10：先生之寿，从今以往者四十三岁。（《史记·范睢蔡泽列传》）

例11：《春秋》何以始乎隐？（《公羊传·哀公十四年》）

例12：自古明王圣帝，犹须勤学，况凡庶乎！（《颜氏家训·勉学》）

例8～例12中的"于""由""从""乎""自"，均同其后的词或词组组成介宾结构。例8、例9、例10置于动词谓语之前，例12置于句首，充当状语；例11置于动词谓语之后，作补语。都表示动作行为起始的时间。

例13：陵夷至虖桀纣之行，王道大坏矣。（《汉书·董仲舒传》）

例14：戒之，遂行。逮夜至于齐。（《左传·哀公六年》）

例15：竟郅都死不近雁门。（《史记·酷吏列传》）

例16：右广初驾，数及日中；左则受之，以至于昏。（《左传·宣公十二年》）

例17：毅曰："凤为洞庭君女传书，至今为忆。"（李朝威《柳毅传》）

例18：玉以残兵五百人夜战，比旦皆没。（《宋史·文天祥列传》）

例13～例18中的"及""于""逮""竟""虖""至""比"，均同其后的词或词组组成介宾结构。例13与例16置于动词谓语之后，作补语；例14、例15、例 17 与例 18 置于动词谓语之前，充当状语。都表示动作行为延续或终止的时间。

2. 处所介词

表示处所的介词包括动作行为发生的处所、起点、范围、趋向、方位、沿循的路线等，如"于""乎""从""当""与""在""由""自""道""及""至""到""向""乡""愫""向""以""直""沿""循""顺""旁""缘""依""庆""寻""就""即"等。例如：

例 1：子击磬于卫。（《论语·宪问》）

例 2：在陈绝粮，从者病，莫能兴。（《论语·卫灵公》）

例 3：舟止，从其所契者入水求之。（《吕氏春秋·慎大览·察今》）

例 4：楚人生乎楚，长乎楚，而楚言。（《吕氏春秋·孟夏纪·用众》）

例 5：吾攻平陵，南有宋，北有卫，当途有市丘，是吾粮途绝也。（《孙膑兵法·擒庞涓》）

例 6：要离力微，坐与上风。（《吴越春秋·阖闾内传》）

例 1 ~ 例 6 中的"于""在""当""乎""从""与"，均同其后的词或词组组成介宾结构。例 1、例 4 与例 6 置于动词谓语之后，作补语；例 2、例 3 与例 5 置于动词谓语之前，作状语。表示动作行为发生的处所。

例 7：故凡治乱之情，皆道上始。（《管子·禁藏》）

例 8：子墨子闻之，起于鲁。（《墨子·公输》）

例 9：由山以上五六里，有穴窈然，入之甚寒。（王安石《游褒禅山记》）

例 10：天阴黑，自张柴村以东道路，皆官军所未尝行，人人自以为必死。（《资治通鉴》唐宪宗元和十二年）

例 7 ~ 例 10 中的"道""于""由""自"，均同其后的词或词组组成介宾结构。例 7 与例 9 置于动词谓语之前，作状语；例 8 置于动词谓语之后，作补语；例 10 置于名词之前，作定语。表示动作行为的起点。

例 11：鸡鸣狗吠相闻，而达乎四境。（《孟子·公孙丑上》）

例 12：候吏者追臣至境上，不及而止。（《韩非子·外储说左下》）

例 13：逃谗于楚，废死兰陵。（韩愈《进学解》）

例 14：术走襄邑，追到太寿，决渠水灌城。（《三国志·魏书·武帝纪》）

例 15：火烈风猛，船往如箭，烧尽北船，延及岸上营落。（《资治通鉴》

汉献帝建安十三年)

例11～例15中的"乎""至""于""及""到"，均同其后的词或词组组成介宾结构，置于动词谓语之后，作补语，表示动作行为涉及的范围。

例16：夫鹓鶵，发于南海而飞于北海。(《庄子·秋水》)

例17：余虏走向落川，复相屯结。(《后汉书·段颎列传》)

例18：骞因与其属亡乡月氏。(《汉书·张骞传》)

例19：莫则傃东山而归。(苏轼《放鹤亭记》)

例16～例19中的"于""向""乡""傃"，均同其后的名词组成介宾结构。例16、例17与例18置于动词谓语之后，作补语；例19置于动词谓语之前，作状语。表示动作行为的趋向。

例20：主人玄端爵韠，立于阼阶下，直东序西面。(《仪礼·士冠礼》)

例21：敌以东方来。(《墨子·迎敌祠》)

例22：项王、项伯东向坐着；亚父南向坐着。(《史记·项羽本纪》)

例23：信乃解其缚，东乡坐，西乡对，师事之。(《史记·淮阴侯列传》)

例24：今有满堂饮酒者，有一人独索然向隅而泣，则一堂之人皆不乐矣。(《说苑·贵德》)

例20、例21与例24中的"直""以""向"，同其后的词或词组组成介宾结构；例22与例23中的"向""乡"，同其前置宾语组成介宾结构，均置于动词谓语之前，作状语。表示动作行为的方位。

例25：鲁道有荡，齐子由归。(《诗经·齐风·南山》)

例26：子沿江而与之上下，我悉方城外以毁其舟。(《左传·定公四年》)

例27：欲自武城还，循山而南。(《左传·昭公二十三年》)

例28：遂旁海西至平原津而病，到沙丘而崩。(《论衡·纪妖》)

例29：方其破荆州，下江陵，顺流而东也。(苏轼《赤壁赋》)

例30：缘溪行，忘路之远近。(陶渊明《桃花源记并序》)

以上六例中的"由""沿""循""旁""顺""缘"，除例25"由"的宾语省略外，其余的均与其后的名词组成介宾结构，置于动词谓语之前，作状语。表示动作行为沿循的路线。

（二）原因与目的介词及语法

1. 原因介词

表示原因的介词如"为""以""于""因""由""自""用""缘""犹""维""惟""唯""爰""坐"等。例如：

例1：维子之故，使我不能餐兮！（《诗经·郑风·狡童》）

例2：不忮不求，何用不臧？（《诗经·邶风·雄雉》）

例3：国家之败，由官邪也。（《左传·桓公二年》）

例4：天行有常，不为尧存，不为桀亡。（《荀子·天论》）

例5：赵穿缘民众不说，起弑灵公。（《公羊传·宣公六年》）

例6：屈平之作《离骚》，盖自怨生也。（《史记·屈原贾生列传》）

例7：而吾以捕蛇独存。（柳宗元《捕蛇者说》）

例8：业精于勤荒于嬉。（韩愈《进学解》）

以上各例中的介词，除例2"用"的宾语前置外，其余的"维""由""为""象""自""以""于"，均同其后的词或词组组成介宾结构。例1、例4、例5、例6与例7置于动词谓语之前；例2置于形容词谓语之前，作状语；例8置于形容词谓语之后，作补语；例3则在句中充当谓语，表示动作行为或某种情况产生的原因。

2. 目的介词

表示目的的介词如"为"。例如：

例1：魏其锐身为救灌夫。（《史记·魏其武安侯列传》）

例2：天下熙熙，皆为利来；天下攘攘，皆为利往。（《史记·货殖列传》）

例3：始知文章合为时而著，歌诗合为事而作。（白居易《与元九书》）

以上三例中的"为"均同其后的词或词组组成介宾结构。例1置于动词谓语之后，作补语；例2与例3置于动词谓语之前，作状语，表示动作行为的目的。

（三）方式介词及语法

方式介词是把表示凭借、依据、方式的名词、代词及其词组介绍给谓语的介词。

1. 表示借助、依赖的方式介词

表示借助、依赖的人或事物的介词例如"将""以""用""借""于""依""赖""宁""由""仗"等。例如：

例1：吾赖是以食吾躯。（刘基《卖柑者言》）

例2：以子之矛陷子之盾，何如？（《韩非子·难一》）

例3：富人用金玉事主而来焉。（《管子·任法》）

例4：北方有侮臣者，愿借子杀之。（《墨子·公输》）

例5：鉴于水者见面之容，鉴于人者知古与凶。（《史记·范雎蔡泽列传》）

例6：更始常依谢禄居，刘恭亦拥护之。（《后汉书·刘玄列传》）

例7：苏秦始将连横说秦惠王。（《战国策·秦一》）

以上七例中的"将""以""用""借""于""依""赖"，均同其后的词或词组组成介宾结构，除例5的"于"置于动词谓语之后，作补语外，其余的均置于动词谓语之前，作状语，表示动作行为所依赖、借助的人或事物，这类介词译为现代汉语时，多译为"用""靠"等。

2. 表示依据或遵循准则的方式介词

表示遵循准则或依据的介词例如"当""因""缘""按""随""比""以""从""如""若""由""案""本""自""繇""有"等。

例1：及至文、武，各当时而立法，因事而制礼。（《（商君书·更法》）

例2：明王之治天下也，缘法而治，按功而赏。（《商君书·君臣》）

例3：其设赏有薄有厚，其立禁有轻有重，迹行不必同，非故相反也，皆随时而变，因俗而动。（《管子·正世》）

例4：立适以长不以贤。（《公羊传·隐公元年》）

例5：食之，比门下之客。（《战国策·齐四》）

例6：圣人从外知内，以见知隐也。（《淮南子·说山训》）

例7：如实论之，殆虚言也。（《论衡·书虚》）

以上七例中的"当""因""缘""按""随""比""以""从""如"，均同其后的词或词组组成介宾结构。例1、例2、例3、例6、例7置于动词谓语之前，作状语；例4与例5置于动词谓语之后，作补语。表示动作行为所遵循的准则、依据，这类介词译为现代汉语时，一般可译为"根据""按照"等。

3. 表示借助时机的方式介词

表示借助时机的方式介词，如"及""因""迨""逮""乘""趁"等。例如：

例1：彼众我寡，及其未既济也请击之。(《左传·僖公二十二年》)

例2：齐因孤国之乱，而袭破燕。(《战国策·燕一》)

例3：有司复曰："请迨其未毕阵而击之。"(《公羊传·僖公二十二年》)

例4：愿君逮楚、赵之兵未至于梁，亟以少割收魏。(《史记·穰侯列传》)

例5：蒙勒前锋，亲枭就首，将士乘胜进攻其城。(《三国志·吴书·吕蒙传》)

例6：荒山野水照斜晖，啄雪寒鸦趁始飞。(韩愈《宿神龟招李二十八冯十七》)

以上六例中的"及""因""迨""逮""乘""趁"，除例6的"趁"后省略宾语外，其余的均与其后的词或词组组成介宾结构，置于动词谓语之前，作状语，表示动作行为所借助的时机，这类介词译为现代汉语时，一般可译为"趁""乘"等。

(四) 关涉介词及语法

关涉介词是把表示比较、对象、排除、被动的名词、代词及其词组介绍给谓语的介词。

1. 表示比较的关涉介词

表示比较的关涉介词是介绍比较的对象，如"于""焉""乎""如""之""诸""比"等。例如：

例1：古我先王将多于前功。(《尚书·盘庚下》)

例2：季氏富于周公。(《论语·先进》)

例3：人莫大焉亡亲戚君臣上下。(《孟子·尽心上》)

例4：故人莫贵乎生。(《荀子，强国》)

例5：人之困穷，甚如饥寒，故贤主必怜人之困也，必哀人之穷也。(《吕氏春秋·爱士》)

例6：拨乱世反诸正，莫近诸《春秋》。(《公羊传·哀公十四年》)

例7：今虽死乎此，比吾乡邻之死则已后矣，又安敢毒邪？(柳宗元《捕蛇者说》)

以上各例中的"于""焉""乎""如""诸""比",均同其后的词或词组组成介宾结构。例1、例2、例3、例4、例5、例6的介词置于形容词谓语之后,作补语;例7置于形容词谓语之前,作状语。表示同事物的性状做比较的对象,这类介词译为现代汉语时,可译为"比"。

2. 表示对象的关涉介词

(1) 介绍动作行为直接涉及的对象。介绍动作行为直接涉及的对象,即意念上的直接宾语,如"诸""于""当""乎""之""与""用""以""由""并""虏""将"等。例如:

例1:虞、夏、商、周之胤,而朝诸秦。(《左传·成公十三年》)

例2:故不明于敌人之政不能加也。(《管子·七法》)

例3:当此,天下之君子皆知而非之,谓之不义。(《墨子·非攻上》)

例4:故明于天人之分,则可谓至人矣。(《荀子·天论》)

例5:敢问夫子恶乎长?(《孟子·公孙丑上》)

例6:单于既得翕侯,以为自次王,用其姊妻之,与谋汉。(《史记·匈奴列传》)

例7:先以书遗操,诈云欲降。(《资治通鉴》汉献帝建安十三年)

以上各例中的"诸""于""当""乎""用""以",除例5"乎"的宾语前置外,其余的均与其后的词或词组组成介宾结构。例1、例2、例4的介词置于动词谓语之后,作补语;例5、例6、例7的介词置于动词谓语之前;例3的介词置于句首,作状语。表示动作行为直接涉及的对象,这类介词译为现代汉语时往往不必译出,有的也可译为"把""对于"。

(2) 介绍动作行为旁及的对象。介绍动作行为旁及的对象,即意念上的间接宾语以及与动作行为有关的人或事物,如"用""比""为""向""诸""于""与""对""由""乎""因"等。例如:

例1:鸣谦,利用行师征邑国。(《周易·谦》)

例2:庖丁为文惠君解牛。(《庄子·养生主》)

例3:望洋向若而叹。(《庄子·秋水》)

例4:起矫命以责赐诸民。(《战国策·齐四》)

例5:景公有爱女,请嫁于晏子。(《晏子春秋·杂下》)

例6:竖子不足与谋。(《史记·项羽本纪》)

例7：还至主人，对宾客叹息曰："人亲卧地不收，涉何心乡此！"（《汉书·游侠传·原涉》）

以上各例中的"用""为""向""诸""于""与""对"，除例6的"与"后省略宾语外，其余的均同其后的词或词组组成介宾结构。例1、例4、例5的介词置于动词谓语之后，作补语；例2、例3、例7的介词置于动词谓语之前，作状语。表示动作行为旁及的对象，这类介词译为现代汉语时，多译为"给""替""同"等。

3.表示排除的关涉介词

表示排除的关涉介词是介绍排除的对象。如"舍""外""非""除"等。例如：

例1：如欲平治天下，当今之世，舍我其谁也？（《孟子·公孙丑下》）

例2：身至亲矣，而弃之渊，外此其余无足利矣。（《淮南子·精神训》）

例3：非刘豫州莫可以当曹操考。（《资治通鉴》汉献帝建安十三年）

例4：除吾死外，当无见期。（袁枚《祭妹文》）

以上四例中的"舍""外""非""除"，均同其后的词或词组组成介宾结构。例1的介词置于名词谓语之前；例2、例3、例4的介词置于动词谓语之前，作状语。表示排除的对象，这类介词译为现代汉语时，可译为"除了"。

4.表示被动的关涉介词

表示被动的关涉介词是介绍动作行为的主动者，如"于""为""与""乎""由""自""被""用"等。例如：

例1：郤克伤于矢，流血至屦。（《左传·成公二年》）

例2：兔不可复得而身为宋国笑。（《韩非子·五蠹》）

例3：遂与勾践禽，死于干隧。（《战国策·秦五》）

例4：王痍者何？伤乎矢也。（《公羊传·成公十六年》）

例5：分裂天下，而封王侯，政由羽出，号为"霸王"。（《史记·项羽本纪》）

例6：侯自我得之，自我捐之，无所恨。（《史记·魏其武安侯列传》）

例7：亮子被苏峻害。（《世说新语·方正》）

以上各例中的"于""为""与""乎""由""自""被"，均同其后的名词组成介宾结构。例1、例4的介词置于动词谓语之后，作补语；其余各例的介词均置于动词谓语之前，作状语。表示动作行为的主动者，这类介词一般可译为现代汉语的"被""由"。

三、古汉语中连词及语法教学

用来连接词、词组、分句或句子，表示它们之间相互关系的词叫作连词。连词只有语法功能，没有词汇意义，不做句子成分，不能单独回答问题。连词按它所连接的各部分之间的关系，可分为以下方面，如图2-2所示。

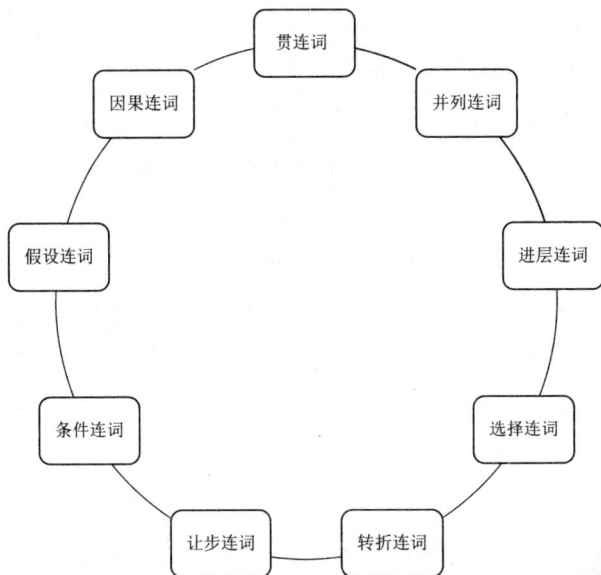

图2-2 古汉语中的连词

(一) 连贯连词及语法

连接时间上先后相继、事理上先后相承的连词称为连贯连词，也称作承接连词。常用的词有"则""而""将""而后""于是""因而"等，有时还用"故""然""安""是""兹"等。例如：

例1：既阵而后击之，宋师败绩。（《左传·僖公二十二年》）

例2：强本而节用，则天不能贫。（《荀子·天论》）

例3：当若子之不事父，弟之不事兄，臣之不事君也，故天下之君子与谓之不祥者。（《墨子·天志中》）

例4：譬如群兽然，一个负矢，将百群皆奔。(《国语·吴语》)

例5：公曰："寡人固也。"于是赐封人麦丘以为邑。(《晏子春秋·内篇·谏上》)

例6：如有地动，尊则振龙机发吐丸，而蟾蜍衔之。(《后汉书·张衡列传》)

例7：事须差配，然付脚钱。(韩愈《论变盐法事宜状》)

例1中的"而后"、例5中的"于是"、例6中的"而"，均连接时间上先后相继的两个分句。例2中的"则"、例3中的"故"、例4中的"将"、例7中的"然"，均连接事理上先后相承的两个分句。

表示连贯关系的连词同起承接作用的副词有时不容易分清。它们之间的区别主要在于：从位置上看，连词多用在主语之前，在主语省略了的情况下，连词后也可补出主语；而副词则一般处于主语之后，在省略句中，补出的主语也只能放在副词前，不能放在副词后。从语法功能上看，副词不仅有关联作用，而且还有修饰、限制作用；连词则只起连接作用。例如：

例8：匈奴左贤王将四万骑围广，广军士皆恐，广乃使其子敢往驰之。(《史记·李将军列传》)

例9：天下事有难易者乎？为之，则难者亦易矣；不为，则易者亦难矣。(彭端淑《为学一首示子侄》)

例10：楚人亦惧王之入晋军也，遂出陈。(《左传·宣公十二年》)

例11：居庙堂之高，则忧其民；处江湖之远，则忧其君。(范仲淹《岳阳楼记》)

例8中的"乃"用在主语"广"之后，除起连接作用外，还对动词"使"有修饰作用，是副词；例9中的"则"分别用在句子的主语"难者"和"易者"之前，只起连接作用，是连词；例10中的"遂"和例11中的"则"分别处在动词"出陈"和动词"忧"之前，它们的前面都没有出现主语，但是例10补出的主语"楚人"只能放在"遂"之前，而例11则可在"则"后补出主语"他们"，可见例10中的"遂"为关联副词，而例11中的"则"为连贯连词。

(二) 并列连词及语法

连接平等关系的词、词组或分句的连词称为并列连词。常用的词有"而""以""且""与""及""既""暨"等，有时还用"将""若""如""于""之"等词。除了"而""既"等少数几个连词可以连接分句外，其余的一般多连接词或词组。例如：

例 1：河水清且涟猗。(《诗经·魏风·伐檀》)

例 2：宰予之辞，雅而文也。(《韩非子·显学》)

例 3：夷以近，则游者众；险以远，则至者少。(王安石《游褒禅山记》)

例 4：知远之近，知风之自，知微之显，可与入德矣。(《礼记·中庸》)

以上四例中的"且""而""之""以"，均连接两个并列的形容词。

例 5：禹拜稽首，让于稷、契暨皋陶。(《尚书·舜典》)

例 6：公如大夫入，主人降。(《仪礼·乡饮酒礼》)

例 7：有退之之志若祭文在。(刘禹锡《唐故尚书礼部员外郎柳君集纪》)

以上三例中的"暨""如""若"，均连接两个并列的名词。

例 8：时惟尔初不克敬于和，则无我怨。(《尚书·多方》)

例 9：吉日兮良辰，穆将愉兮上皇。(《楚辞·九歌·东皇太一》)

以上两例中的"于""将"，连接两个并列的动词。

例 10：士不可以不弘毅，任重而道远。(《论语·泰伯》)

例 11：不得，不可以为悦；无财，不可以为悦。得之为有财，古之人皆用之，吾何为独不然？(《孟子·公孙丑下》)

例 12：知可以战与不可以战者，胜。(《孙子·谋攻篇》)

例 13：吕后妇人，专欲以事诛异姓王者及大功臣。(《史记·韩信卢绾列传》)

例 10 中的"而"连接两个并列的主谓词组。例 11 中的"为"连接两个并列的动宾词组。例 12 中的"与"连接两个并列的状中偏正词组。例 13 中的"及"连接两个并列的定中偏正词组。

例 14：既无叔伯，终鲜兄弟。(李密《陈情表》)

例 15：相如曰："秦强而赵弱，不可不许。"(《史记·廉颇蔺相如列传》)

例 14 中的"既"同副词"终"相配合，连接两个并列的分句；例 15 中的"而"连接两个并列的主谓词组。

(三) 进层连词及语法

连接有进一层关系分句的连词称为进层连词。常用的词有"况""且""矧""而""至""兄""何况""而况""且夫""岂况""而且"等。例如：

例1：相彼鸟矣，犹求友声，矧伊人矣，不求友生？（《诗经·小雅·伐木》）

例2：一夫不可狙，况国乎？（《左传·僖公十五年》）

例3：以君之力，曾不能损魁父之丘，如太行、王屋何？且焉置土石？（《列子·汤问》）

例4：余不满百，而皆扶病，不任干戈。(李陵《答苏武书》)

例5：亲昆弟有过不违，而况疏远乎？（《商君书·赏刑》）

例6：今天以吴赐越，越其可逆天乎？且夫君王蚤朝晏罢，非为吴邪？（《史记·越王勾践世家》）

例7：才华不为妻子所容，何况行路？（《颜氏家训·文章》）

例1~例4中的单音连词"矧""况""且""而"，例5至例7中的复音连词"而况""且夫""何况"，均用在后一分句句首，表示后一分句在意思上比前一分句更进了一层，其中对译为"何况"的进层连词，一般用在反问句中，且其句子大多为省略句。

(四) 选择连词及语法

连接两个或两个以上的词、词组或分句表示选择的连词称为选择连词，其中包含以下方面：

1. 在衡量得失的两种情况中选择

常用的词有"宁""与""宁可""无宁""毋宁""不如""与其"等。它们经常置于前后分句中配合使用，也常同熟语"孰若""不能"等相呼应。"宁""宁可""无宁""毋宁"后的情况是要选取的，"与""与其"后的情况是要舍弃的。例如：

例1：礼，与其奢也，宁俭；丧，与其易也，宁戚。（《论语·八佾》）

例2：且予与其等死于臣之手也，无宁死于二三子之手乎？（《论

语·子罕》)

例3：且先君而有知，毋宁夫人，而焉用老臣？（《左传·襄公二十九年》)

例4：与吾得革车千乘，不如闻行人烛过之一言。(《韩非子·难二》)

例5：与其杀是僮，孰若卖之？（柳宗元《童区寄传》)

例6：大丈夫宁可玉碎，不能瓦全。(《北齐书·元景安列传》)

例1的"与其"同"宁"配合使用，例2的"与其"同"无宁"配合使用，例5的"与其"与"孰若"配合使用，"与其"后的情况是要舍弃的，"宁""无宁""孰若"后的情况是要选取的；例6的"毋宁"表示选取的一面。例4的"与"同"不如"配合使用，"与"后的情况是要舍弃的，"不如"后的情况是要选取的。例6的"宁可"与"不能"配合使用，"宁可"后的情况是要选取的，"不能"后的情况是要舍弃的。

2. 在两种或两种以上情况中选择

在两种或两种以上情况中选择时，常用的词有"或""将""宁""抑""其""且""若""如""意""妄""亡其"等。除了"或""若""如"等可以连接词或词组外，其余的一般只可连接分句。例如：

例1：安见方六七十如五六十，而非邦也者？（《论语·先进》)

例2：愿取吴王若将军头，以报父之仇。(《史记·魏其武安侯列传》)

例3：以田宅或金帛为抵当。(《宋史·王安石列传》)

例4：子之义将匿邪？意将以告人乎？（《墨子·耕柱》)

例5：王以天下为尊秦乎？且尊齐乎？（《战国策·齐四》)

例6：南方之强与？北方之强与？抑而强与？（《礼记·中庸》)

例7：宁与黄鹄比翼乎？将与鸡鹜争食乎？（《楚辞·卜居》)

例1中的"如"、例2中的"若"、例3中的"或"，均连接词或词组，一般对译为"或者"；例4中的"意"、例5中的"且"、例6中的"抑"、例7中的"宁""将"，都是连接分句的，一般对译为"还是"。

(五) 转折连词及语法

连接前后意思相反或前后意思不同的分句的连词称为转折连词，具体包含以下方面：

1. 反转连词

反转连词是指连接的分句前后意思相反。常用的词有"然""而""但""顾""抑""则""且""以""如""第""顾弟"等。例如：

例1：狄应且憎，是用告我。(《左传·成公十三年》)

例2：神农非高于黄帝也，然其名尊者，以适于时也。(《商君书·画策》)

例3：美则美矣，抑臣亦有惧也。(《国语·晋语九》)

例4：舟已行矣，而剑不行，求剑若此，不亦惑乎？(《吕氏春秋·慎大览·察今》)

例5：公干有逸气，但未遒耳。(曹丕《与吴质书》)

例6：此在兵法，顾诸君不察耳。(《史记·淮阴侯列传》)

例7：爱其子，择师而教之；于其身也，则耻师焉，惑矣。(韩愈《师说》)

以上例句中的"且""然""抑""而""顾""但""则"，都用在后一分句句首，表示前后两句意思相反。对译为"只是"的转折意思稍轻，对译为"但是""然而"的转折意味又较重。

2. 它转连词

它转连词是指表示在叙述一件事时，又转到另一件事上。常用的词有"乃""若""至""若乃""如其""至于""至如""至若""至乃"等。例如：

例1：方六七十如五六十，求也为之，比及三年，可使足民。如其礼乐，以俟君子。(《论语·先进》)

例2：皆古圣人也，吾未能有行焉；乃所愿，则学孔子也。(《孟子·公孙丑下》)

例3：今有一人，入人园圃窃其桃李，众闻则非之，上为政者得则罚之。此何也？以亏人自利也。至攘人犬豕鸡豚者，其不义又甚入人园圃窃桃李。(《墨子·非攻上》)

例4：故学数有终，若其义则不可须臾舍也。(《荀子·劝学》)

例5：燕则吾请以从矣。若乃梁，则吾乃梁人也，先生恶能使梁助之耶？(《战国策·赵三》)

例6：江湖未静，不可让位；至于邑土，可得而辞。(《三国志·魏书·武帝纪(注)》)

例7：何曰："诸将易得耳。至如信者，国士无双。"(《史记·淮阴侯

列传》)

以上例句中的"如其""乃""至""若""若乃""至如""至于",都用在分句句首,表示在叙述某一事时又转到另一事上,这类连词一般对译为"至于"。

(六)让步连词及语法

连接表示让步关系分句的连词称为让步连词。常用的词有"虽""纵""自""就""惟""从""无""唯""既""直""即""即使""正使""纵令"等,让步连词一般置于分句句首,有时也可置于主谓之间。例如:

例1:纵我不往,子宁不嗣音?(《诗经·郑风·子衿》)

例2:虽小道,必有可观者焉。(《论语·子张》)

例3:从其有皮,丹漆若何?(《左传·宣公二年》)

例4:公子即合符,而晋鄙不授公子兵而复请之,事必危矣。(《史记·魏公子列传》)

例5:就与刘孙不平,不过令吾不作三公而已,何危害之有?(《三国志·魏书·辛毗传》)

例6:丁掾,好士也,即使其两目盲,尚当与女,何况但眇?(《三国志·魏书·陈思王植传(注)》)

例7:纵令公事不成,颍亦不辞灭族。(《资治通鉴》陈宣帝太建十三年)

以上各例中的让步连词,除例4中的"即"置于前一分句主谓之间外,其余各例中的"虽""纵""从""就""即使""纵令",均置于前一分句句首。其中对译为"虽然"的,表示已成事实的让步;对译为"即使"的,表示未成事实的假设让步。

(七)条件连词及语法

连接表示条件关系分句的连词称为条件连词。常用的词有"无""一""亡""壹""但""饶""任""无论"等。有时条件连词同副词"皆""也"等呼应。条件连词多置于主谓之间,有的也可置于主语之前。例如:

例1:君子无众寡,无小大,无敢慢。(《论语·尧曰》)

例2:此鸟不飞则已,一飞冲天;不鸣则已,一鸣惊人。(《史记·滑稽列传》)

例3：于是上遣使者分条中都官诏狱系者，亡轻重一切皆杀之。(《汉书·丙吉传》)

例4：地制壹定，宗室子孙莫虑不王。(《汉书·贾谊传》)

例5：今世士大夫，但不读书，即称武夫儿，乃饭囊酒瓮也。(《颜氏家训·诫兵》)

例6：三声欲断疑肠断，饶是少年今白头。(杜牧《猿》)

例7：任是深山更深处，也应无计避征徭。(杜荀鹤《山中寡妇》)

例1中的"无"、例4中的"壹"，置于前一分句主谓之间；其余各例中的"一""亡""但""饶""任"，均置于前一分句句首。对译为"只要""一旦"的表示条件；对译为"不论""无论"的表示无条件。

(八) 假设连词及语法

连接表示假设关系分句的连词称为假设连词。常用的词有"苟""即""其""如""若""使""傥""设""脱""党""令""当""而""苟""假""倘""今""向""乡""弟令""设使""若使"等。假设连词一般置于分句句首，有的也可置于主谓之间。例如：

例1：丘也幸，苟有过，人必知之。(《论语·述而》)

例2：设以齐取鲁，曾不必师，徒以言而已矣。(《公羊传·闵公二年》)

例3：今我在也，而人皆藉吾弟，令我百岁后，皆鱼肉之矣。(《史记·魏其武安侯列传》)

例4：虏多且近，即有急，奈何？(《史记·李将军列传》)

例5：党得削国，幸不死。(《汉书·武五子传》)

例6：百家杂说，或有不同，书傥湮灭，后人不见。(《颜氏家训·文章》)

例7：脱有不虞，召便可用，往无不获。(《魏书·崔延伯列传》)

例6的"傥"置于前一分句主谓之间；其余各例中的"苟""设""即""令""党""脱"，均置于前一分句句首，表示假设条件。

(九) 因果连词及语法

因果连词是指连接表示原因或结果关系分句的连词。

1. 表示原因的因果连词

表示原因的连词有"因""以""唯""为""用""由""繇""缘""惟""盖""由于"等。例如：

例1：夫唯不争，故天下莫能与之争。(《老子·二十二章》)

例2：苏秦曰："嫂，何前倨而后卑也？"嫂曰："以季子之位尊而多金。"(《战国策·秦一》)

例3：因不忍见也，故于是复请至于陈而葬原仲也。(《公羊传·庄公二十七年》)

例4：为其老，强忍，下取履。(《史记，留侯世家》)

例5：田中不得有树，用妨五谷。(《汉书·食货志上》)

例6：由所杀蛇白帝子，杀者赤帝子，故上赤。(《史记·高祖本纪》)

例7：皆不可限以时月，缘土气有早晚，天时有愆伏。(《梦溪笔谈·药议》)

以上例句中的"唯""以""因""为""由""用""缘"，分别置于前一分句或后一分句，表示原因。表示原因的连词常用后一分句表示结果的连词"故"相呼应。

2. 表示结果的因果连词

表示结果的连词有"故""以""用""所以"等。例如：

例1：彼竭我盈，故克之。(《左传·庄公十年》)

例2：余不听豫之言，以罹此难也。(《吕氏春秋·季秋纪·审己》)

例3：吾闻卫世子不肖，所以泣也。(《韩诗外传·二》)

例4：故宋飞六鹢，小事也，以有告而书之；晋灭三邦，大事也，以无告而阙之。用使巨细不均，繁省失中。(《史通·惑经》)

例5：邹之群臣曰："必若此，吾将伏剑而死。"固不敢入于邹。(《史记·鲁仲连邹阳列传》)

以上例句中的"故""以""固""用""所以"，均用于后一分句句首，表示结果。

第三节 古汉语语法教学的词类活用

一、词类活用和一词多义

古汉语和现代汉语一样，把实词分成名词、动词、形容词、数词等许多类，而某个词属于某一词类是比较固定的，每类词在句子里能充当什么成分也是比较固定的——有比较固定的分工，如名词经常用作主语；宾语、定语，动词经常用作谓语；形容词经常用作定语、状语和谓语等，这些是最基本的语法功能。但是，其中有一些词的语法功能可以临时改变，可以按照一定的语言习惯灵活运用，这种灵活运用就叫作词类的活用。古汉语的词类活用，一般是指名词、动词、形容词按照一定的语言习惯而灵活运用。例如：

例1：《荀子·劝学》："假舟楫者，非能水也，而绝江河。""水"字本来是个名词，这里却临时充当动词作谓语了，是"凫水"（游泳）的意思。

例2：龚自珍《病梅馆记》："以夭梅、病梅为业以求钱也。""夭"和"病"本来都是一般的动词，这里临时用作使动，是"使梅花早死，使梅花病残"的意思。

例3：《史记·项羽本纪》："楚左尹项伯者，……素善留侯张良。""善"字本来是个形容词，这里临时充当动词用，是"和……友好"的意思。

例4：《史记·淮阴侯列传》："陛下不能将兵，而善将将，此乃信之所以为陛下禽也。"这里的"将"字就属于一词多义，而不是词的活用。因为它经常具有两种意义：作名词是"将军，将领"的意思；作动词是"统率、率领、带领"的意思。一词多义指的是一个词具有几种不同的意义，而这些不同的意义又是比较固定的，是辞典里可以查得到的，而词类的活用则是辞典里查不出来的，只有在具体的语言环境中才能反映出来。

二、名词用作动词

名词用作使动和意动的都比较少，用作一般动词的类型较多。例如：

例1：《史记·项羽本纪》："范增数目项王。"这里的"目""衣""蹄""刃"应该说是名词用作动词的比较典型的例子，四者原来都是名词，用作动词后，词义也就有所改变，具有动词的特色，如"目"由名词的"眼睛"变成了动词"使眼色"(以目示意)。

例2:《孟子·滕文公上》:"许子必织布然后衣乎?""衣"由名词的"衣服"变成动词"穿衣服"。

例3:柳宗元《黔之驴》:"驴不胜怒,蹄之。""蹄"由名词的"蹄子"变成了动词"用蹄子踢"。

例4:《史记·廉颇蔺相如列传》:"左右欲刃相如。""刃"由名词的"刀"变成了动词"用刀杀"。

从翻译的角度而言,名词用作动词包含以下方面:第一,名词用作动词后,译为动词加名词,如"许子必织布然后衣乎?",衣——穿衣服,"衣"用作动词后,译为动词"穿"加名词"衣服"。第二,名词用作动词后,译为介词加名词加动词,如"左右欲刃相如"。"刃"——用刀杀,"刃"用作动词后,译为介词"用"加名词"刀"加动词"杀"。第三,名词用作动词后,可以灵活地译为有关的动词,如像"目"这种情况,就可以译为"使眼色"。

古汉语,不光是普通名词可以用作动词,方位名词也常常可以用作动词。例如,"项王乃复引兵而东,至东城乃有二十八骑","齐军既已过而西矣",这里的"东"和"西",用作动词后,词义也就发生了变化,由表方位的名词变成了动词"往东""向西"了。

三、使动与意动

想要了解动词的使动用法和动词的一般用法,以大风飞沙走石和工人搬沙运石这两个句子为例,这两个句子的结构是一致的,第一句"大风"是主语,谓语是两个联合的动词结构:"飞沙"和"走石"。"飞"和"走"是动词,"沙"和"石"是宾语;第二句也是如此。但是从意义上而言,两个句子的动作的发出者并不相同,第二句中的"搬"和"运"是工人发出的动作,而第一句中的"飞"和"走",却不是大风在"飞"和"走",而是"沙"在"飞","石"在"走"。但是这个动作又不是"沙"和"石"主动发出的,而是"大风"使它们发出的,这句话换一种说法就是"大风使沙飞,使石走"。"飞沙走石"这种说法,是古汉语的使动用法在现代汉语中的残留。一个动词在句中不表示主语发出的动作,而表示主语使得宾语发出的动作,就是动词的使动用法,动词的使动用法在古汉语中很常见。例如:

例1：项伯杀人，臣活之。（《史记·项羽本纪》）

例2：焉用亡郑以陪邻？（《左传·僖公三十年》）

这些句中加点的词都是动词的使动用法，这些动词都是不及物动词，不及物动词通常是不带宾语的，现在它们却带上了宾语，这就说明它们在句中不是用作一般的动词，而是用作使动。在动词的使动用法中，值得注意的一点是，不及物动词用作使动时，后面的宾语有时可以省略。例如：

例1：远人不服而不能来也。（《论语·季氏》）

例2：养备而动时，则天不能病。（《荀子·天论》）

动词"来"和"病"，后面均省略了宾语"之"。"来之"就是"使之来"的意思，"病之"就是"使之病"的意思，这类句子和不及物动词的一般用法在形式上没有什么区别，所以要判断这类句子究竟是不是使动，主要只能凭上文的意思来看。

古汉语及物动词用作使动的比较少见。但这种情况还是有的。例如：

例1：晋侯饮赵盾酒。（《左传·宣公二年》）

例2：止子路宿，杀鸡为黍而食之，见其二子焉。（《论语·微子》）

"饮赵盾酒"就是"让赵盾喝酒"的意思，"食之"就是"让子路吃"的意思，"见其二子"就是"使其二子拜见子路"的意思。那么怎样来判断某个及物动词是不是用作使动了呢？像上述例句中的动词，在用作使动时，后来改变了读音。如"饮"读成"yìn"，"食"读成"sì"，"见"读成"xiàn"。但是，并不是所有的及物动词在作使动用的时候都会改变读音，那就只能分析语言环境，根据具体的上下文的意思来确定。例如，"天汉四年春正月，朝诸侯王于甘泉宫"，这句话里的"朝"，就用作使动词了，是"使诸侯王朝"的意思，但是"朝"的读音并没有改变。

在古汉语里，形容词也常用作使动。形容词用作使动的意思是：它使宾语所代表的人或事物，具有这个形容词的性质或状态。例如：

例1：今媪尊长安君之位，而封之以膏腴之地。（《战国策·赵策》）

例2：天将降大任于是人也，必先苦其心志，劳其筋骨，饿其体肤，空乏其身。（《孟子·告子下》）

例3：欲居之以为利，而高其直，亦无售者。（蒲松龄《促织》）

这里的"尊""苦""空乏""高"原都是形容词，但在此种语言环境里都活用为使动词了。"尊"是"使……尊","苦"是"使……苦","空乏"是"使……空乏","高"是"使……高",分别是"使长安君之位尊""使其心志苦""使其身空乏""使其值高"的意思。

名词的使动用法,是指它使宾语所代表的人或事物成为这个名词所代表的人或事物。例如:

例1:人其人,火其书,庐其居。明先王之道以道之。(韩愈《原道》)

例2:吾见申叔,夫子所谓生死而肉骨也。(《左传·襄公二十二年》)

例1"人其人"中的前一个"人",和"庐其居"中的"庐",都是名词用作使动。"人其人"是个动宾结构,就是使那些人(和尚)成为人的意思(即指使和尚还俗),"庐其居"就是使他们的所居之处(寺庙)变成庐室(意即使和尚居住的寺庙变成一般人的住家)。例2则是一个更为典型的名词用如使动的例子。"肉骨"不是个并列结构,而是个动宾结构。"肉"这个名词这里用作使动,是使白骨生肉的意思。在古汉语里,像这种名词用如使动的情况还是比较少见的。

古汉语中的使动在现代汉语中可以用递系结构来表达,也可以用一个由后补式构成的复合词来表达。用递系结构形式来表达是"使……活""使……高",用后补式的动词来表达就是"救活""抬高"(动词+形容词或不及物动词)。如果我进一步分析"救活它"和"抬高价值"这样的结构,就会发现它们的意思仍然是"救之使活","抬其价使高"。因此,如果在古文中看到一个动词或形容词可以用后补式动词来翻译的话,那就正好说明这个动词或形容词是使动用法。懂得了使动用法,意动用法也就容易懂了。例如:

例1:君子之学也以美其身。(《荀子·劝学》)

例2:吾妻之美我者,私我也……。(《战国策·齐策》)

例1中的"美",显然是使动,"美其身"是"使其身美"的意思;例2中的"美我"在结构上和"美其身"相同,但意义上却不一样,不是"使我美"而是"认为我美",这就是"意动"。意动和使动的区别在于,使动是客观上使宾语如何,是实际上改变了宾语的状态或性质;而意动则是主观上认为宾语如何,宾语的状态和性质在实际上并没有改变。

古汉语中形容词的意动用法比较常见,例如:

例1：孔子登东山而小鲁，登泰山而小天下。（《孟子·尽心上》）

例2：失宠过年七十余，上老之。（《汉书·赵充国传》）

例3：大将军邓骘奇其才。（《后汉书·张衡传》）

例1的"小"用如意动词，该句的意思是"孔子登上东山觉得鲁国小了，登上泰山觉得天下小了"，这里只是主观上认为是如此，是看问题的人主观上认为"鲁"和"天下"具有"小"这种属性；例2的"上老之"，是说"上以之为老"的意思，汉宣帝觉得赵充国老了，不中用了；例3的"奇其才"，是大将军邓骘觉得张衡的才能很特殊的意思。这里的"老"和"奇"都是形容词用如意动词。

古汉语中名词也可以用作意动。名词的意动用法，是把后边的宾语所代表的人或事物，看作这个名词所代表的人或事物。例如：

例1：其谓之秦何？夷狄之也。（《公羊传·僖公三十三年》）

例2：土木形骸，不自藻饰。（《晋书·嵇康传》）

例1的"夷狄之"是动词结构，"夷狄"本来是名词，是不能带宾语的，可是在这里它却带上了宾语"之"，显然是把它放在动词的位置上，用作意动。"夷狄之"，是认为秦是夷狄的意思。例2中的名词"土木"也是如此，"土木形骸"，是认为自己的身体是土木的意思。

意动用法只限于名词和形容词的活用，动词本身是不存在意动用法的，如《论语·公冶长》："匿怨而友其人，左丘明耻之，丘亦耻之。"这里的"友"和上面所说的"客""帝"都是名词用作一般动词，不是用作使动，也不是用作意动。这些动作表示的是主语对宾语如何处置，而不是表示主语使得宾语如何如何，翻译成现代汉语，这几个句子应该用处置式，即"把"字句："孟尝君把我当作客人""鲁仲连根据大义不把秦称为帝""隐藏了自己的怨恨而把那个人当作朋友"。不应该译成递系式即"使"字句。这一点第二、第三句最明显，"帝秦"不是"使秦为帝"，因为秦是自称为帝的，不需要鲁仲连使它为帝。"友其人"也不是"使其人为友"，因为这是自己主动和别人交朋友，不是说使别人成为自己的朋友。第一句虽然也可以把"客我"译成"使我成为客"，但根据文章体会一下，这里着重讲的还是孟尝君对我的态度如何（意思近似于"孟尝君客待我"。可以比较《史记·孙子吴起列传》："田忌善而客待之。"）而不是孟尝君使我如何如何，所以它们都不是使动。

　　从意义上来说，以上三个句子都是表示实际的行动，而不是表示主观的意念。第三个例子最明显，既然是"匿怨"，那就绝不是主观上认为"其人"是自己的朋友，而是说心里怨他，但表面上还把他当作朋友。当然，这三个动词都可以解释为"以……为……"，如"客我"是"以我为客"，"帝秦"是"以秦为帝"，"友其人"是"以其人为友"。但不能就以此认为它们是意动，因为古汉语中的"以……为……"有两种意义：第一，是"认为……是……"，如上文所举的"夷狄之""土木形骸"，这是意动；第二，是"把……当作……"，"客我""帝秦""友其人"都是这后一种，这就不是意动。

　　总而言之，如果一个名词用作动词，是表示主语对宾语如何处置，可以翻译为现代汉语的"把……当作……"（而不是"认为……是……"），那就既不是使动，也不是意动，而是名词用作一般动词。除了上面举的例子外，《烛之武退秦师》一文中"越国以鄙远，君知其难也""既东封郑，又欲肆其西封"，这里的"鄙""封"也是属于这一类。要辨别是不是意动用法，就要把握住它所表示的"认为"这个意义的特点，把它和表示"使令"意义的使动用法以及表示处置关系的动宾结构区别开。

第三章　古汉语语法教学系统与语例运用实践

　　建立统一的古代汉语教学语法系统既具有理论意义又具有实践意义，有利于充实并发展语法理论研究，通过对分歧之处的分析与研究，探寻更加符合古汉语语法事实的理论教学体系，科学合理的语例运用实践在一定程度上有利于教师与学习者的教学问题解决。本章重点围绕古汉语教学语法系统及其建立、古汉语与现代汉语语法系统的分合、古汉语语法教学中的语例运用与实践展开论述。

第一节　古汉语教学语法系统及其建立

一、古汉语教学语法系统

(一) 古汉语教学语法系统的分析

　　古汉语教学语法系统是伴随着高师院校古汉语课程的设立与发展而逐步建立与完善的教学语法系统，它或显现或隐秘地存在于教学实践过程中，有意或无意地指导着古汉语语法教学实践。讨论"建立统一的古汉语教学语法系统"，要注意这里的"建立"并不是一个从无到有的组建过程，而是在众多已经存在并成立的古汉语教学语法系统的基础上，有针对性地讨论研究分歧问题的争论焦点，分析矛盾问题的症结所在，从而提出一个符合教学语法规范，利于指导语法教学实践的统一的古汉语教学语法系统。

　　以目前比较充分的教学语法理论与丰富的教学实践成果为依据，博采各家教学语法体系的合理成分与优点，在此基础上，重新整合建立一套古汉语教学语法系统。既然要建立一个统一的古汉语教学语法系统，就是要尽可能地避免目前古汉语教学语法系统的各自为政而导致的干扰教学现象。一方面，博采众长的方式可以更好地体现学术讨论的公平性与平等性，尊重不同学者研究所得到的不同理论成果，倡导并鼓励在问题提出与问题解决的过程中可以各抒己见，使问题可以得到充分地讨论，以便提出更新颖更恰当的问题解决方法；另一方面，不采取以一家系统为主的方式，也是为了尽可能避免在问题提出与问题解决的过程中出现一家独大的现象，避免从一个极端走向另一个极端，在一定程度上影响古汉语教学语法系统的统一。在建立统一的古汉语教学语法过程中，提倡在分歧问题得到充分讨论的前提下，选择最好最有效的解决办法，而不是为了统一而统一，回避问题忽视分歧。

对于词法内容部分中词类的划分，大多数采用虚实二分的方法来处理，这种分类方法更具合理性。首先，词类的虚实二分法是汉语对世界语言学的一大贡献，而且由来已久，就汉语发展的阶段性而言，古汉语教学语法采用虚实二分法更符合语言研究与传统习惯，具有较强的稳定性。其次，从语言理论研究的成熟性上看，词类三分法在古汉语教学语法甚至古汉语理论语法的研究中都没有得到广泛采纳与运用，尤其在教学效果上，还需要进一步地验证。基于以上考虑，不妨维持原先采用的词类二分法。

拟定古汉语教学语法系统的主要结构包括：词法部分、句法部分与短语。词法内容分为实词、虚词及词类活用，其中实词包括名词、动词、形容词、数词、量词、代词；虚词包括介词、连词、助词、叹词。句法内容包括单句、复句及短语部分内容等，单句部分主要包括判断句、被动句、双宾句、疑问句等；复句部分包括单层复句、多层复句与紧缩复句等；还有短语问题，包括短语的划分标准及类型划分等。

(二) 建立古汉语教学语法系统的必要性

1. 古汉语教学语法系统自身不断完善的需要

回顾古汉语教学语法研究所走过的历程，不难发现在现阶段建立统一的古汉语教学语法系统是具有一定必要性的。一方面，古汉语教学语法系统需要随着理论语法等相关理论方面的研究发展而不断完善；另一方面，需要将这种古汉语教学语法发展的阶段性产物固定下来。从教学要求而言，教学大纲一般要求学习者了解并掌握古汉语的基本知识，古汉语语法教学应该注重系统性与基础知识教学，系统而完整地教授给学习者一套基础的语法内容，使学习者形成对古汉语语法的整体性认识，掌握基础性的理论体系。高师院校的古汉语教学语法的讲授在注重基础性教学的同时，还应该注重理论化的内容，就某一问题的阐释，应该适当地引入学术界不同理论体系的观点，在学习的过程中引导学生独立分析，从这一点来看，它又与理论语法相接近。

由于古汉语语法教学内容的特殊之处，因此更显其教学语法系统建立与统一的必要性。理论语法与教学语法具有各自的特点，教学语法更多的是从利于教学的角度出发，其内容力求规范、简明，旨在使学生更容易接受，进而正确运用语言、提高表达能力。例如，我国著名的语法著作《马氏文通》《新著国语文法》等起初都是出于教学目的才编撰而成的，由此可见，理论语法与教学语法二者之间是存在千丝万缕的联系的，不是相互对立，而是存在着相互的交流与沟通。在发展过程中古汉语教学语法系统是应该随着理论语法的发展而不断完善与更新的，新的理论的产生与完善通常更加有利于教学问题的探讨与解决。

2.古汉语教学实践的需要

通过对目前的古汉语教学语法系统以及具体古汉语语法教学实践的研究，不难发现，古汉语教学语法系统存在一定的分歧。随着古汉语的日益发展，古汉语教材数量激增，一方面教材编写依据的多样化使教材的版本多种多样；另一方面不同院校出于不同的目的而采用不同版本的教材，这些都造成了如今古汉语教学语法的某些内容存在较大的分歧。

首先，中学文言文语法教学与高师院校古汉语语法教学相脱节；中学文言文教学中语法部分一般只讲授一些基础知识，而且就整体性而言，并没有形成系统化的知识体系，同时就某些知识点而言，不做深入分析与阐释，往往只做规定性要求；其次，各高师院校古汉语语法教学内容相差较大，由于没有一个统一的古汉语教学语法系统，这就使古汉语这门课程中的语法教学部分缺少了一个相对稳定的基本框架，造成最直接的现象之一就是各高等院校自主决定语法教学内容，并在对待分歧问题的时候也多采取各自为政的态度，缺少相互沟通与探讨；最后，高等师范院校毕业生在参与教学实践的过程中，由于没有一个统一的古汉语教学语法系统，对语法知识点讲解的准确性造成一定的影响。

(三) 建立古汉语教学语法系统的可行性

有关建立统一的古汉语教学语法系统问题的探讨由来已久，无论是从教学语法理论还是语法教学实践，许多学者与教师都积极参与其中，也获得了许多丰富的研究经验与丰硕的研究成果，这些成绩的取得都为古汉语教学语法系统的建立与统一开辟出了一条更为开阔顺畅的道路。

1. 以充分的理论研究为基础

现如今的语法研究，无论是宏观的语言观、方法论还是具体的语法专题等都从不同的理论层面丰富充实了理论研究成果，并深化了人们对语法的探索与认识。随着古汉语学科的发展与研究认识的深入，越来越多的学者开始关注古汉语教学语法的发展情况。古汉语教学语法有其自身的重要性，展示了古汉语语法研究的丰硕成果，推动了古汉语语法的深入研究。因此，越来越多的高师院校以及学者开始研究古汉语教学语法，并编撰古汉语教材，其中融入了许多学者的理论研究成果，这些都推动着古汉语学科发展。不同版本的古汉语教材展示了不同的古汉语教学语法系统，虽然一定程度上存在着差异性，但是也正是如此，为分歧问题的分析与解决提供了不同的理论依据与实践参考。与此同时，为了更好地体现理论与实践相结合的研究过程，也有越来越多的学者、教师与学生参与到建立统一的古汉语教学语法系统的讨论与研究当中来，尽可能使古汉语教学语法理论的研究成果更加适用于教学实际情况。

此外，还有许多现代汉语的语法理论被尝试引进到古汉语教学语法当中，例如有关短语的理论，古汉语在句法分析中也越来越多地尝试引入短语(结构)这一语言单位；还有词法中的词类划分理论也被不断充实，词类的三分法理论得到广泛的关注，并有可能引入古汉语教学语法当中，代替原来的虚实二分法。

2. 以丰富的教学实践为依据

面对古汉语语法教学过程中各种分歧问题的存在，无论是课堂基础教学，还是教学语法研究都在做着积极的实践与调整。研究建立统一的古汉语教学语法系统问题，就必须从具体实践入手，在具体的教学过程中寻找解决问题的突破口。

中学的文言文教学是高等院校古汉语教学的起点，古汉语教学语法系统的建立与统一离不开这一阶段的教学实践，同时中学文言文教学也为问题的提出与解决提供一定的依据与参考。中学文言文语法教学与高等院校古汉语语法教学的衔接问题便根源于古汉语教学语法系统的建立与统一问题。由于在总体上缺少一个权威而统一的纲领，才会产生基础教学与提高教学相互脱节的情况。如今越来越多的教师已经意识到问题的存在，在中学文言文的基础教学上，教师积极调整教学方案，在完成教学要求的情况下，尽量引导学生求同存异的思考态度。同时教师根据以往的教学经验，最了解学生们的困惑所在与对知识点认识与理解的薄弱之处，这些宝贵的积累，都为建立统一的古汉语教学语法系统问题的探讨与研究提供了重要的参考依据。

高师院校的古汉语教学为实际研究提供了更为丰富的语料，还从理论研究上提供了更为广阔的视野，尤其高等师范院校的教学实践还在保留古汉语自身特点的前提下，就如何突出其实用性、师范性等问题来加以探讨。高师院校的古汉语是中学文言文的延续与提高，高师院校的古汉语语法教学内容具有更强的理论性与系统性，同时由于高师院校具有更为开放自由的学习氛围，就分歧问题的探讨与研究则更为普遍。因而，无论是教师与学生对分歧都往往持有不同的观点。正是由于这些分歧的存在，这些被普遍引发的讨论与研究，在一定程度上才深化了人们对知识点的认识，也为建立统一古汉语教学语法系统问题的研究提供了更多的可能性。只有在众多客观而合理的研究成果当中，才更有利于研究者得出更为理性的研究结论。

虽然，对事物的认识是个不断发展的过程，但是就建立统一的古汉语教学语法系统问题的研究，不能等到所有的问题都解决之后再来考虑这个问题，这样的观点本身也是不科学的。就这个问题的研究，应该根据现有的研究成果来进行梳理与探讨，完成阶段性的研究实践，尽量避免对同一问题的反复研究。从目前所达到的认知程度与古汉语语法教学的实践水平来考量，是有能力并有可能建立一套统一的古汉语教学语法系统的。

二、古汉语教学语法系统的建立

要想建立统一的古汉语教学语法系统，除了找准原则方向，最重要的还是要将研究的焦点集中在具体分歧问题的解决上来。在古汉语教学语法系统的建立统一过程中，还存在着许多需要解决的具体的分歧问题，这些问题涉及语法教学的各个方面，是无法完全通过一时一地一人的努力就能够彻底解决的，根据自身能力选取其中的一部分分歧问题来加以思考研究，虽然不能就此完全解决建立统一古汉语教学语法系统的问题，但也希望能够起到一定的提示与参考作用。

（一）词类活用问题的分歧与处理

"词类活用"这一概念最早由陈承泽先生于《国文法草创》中提出，并一直沿用至今，这一现象反映了古汉语运用的一大特点，并对认识古汉语词汇一词兼具多种语法功能的现象和词义、词性的辨别等都起到了积极的作用。然而，在古汉语的教学过程中，有关词类活用问题的分析、处理还有比较大的分歧，这就为古汉语教学带来了障碍，尤其是在语法教学方面。要建立统一的古汉语教学语法系统，就应该分析有关词类活用问题的分歧所产生的根源，只有针对其根源才能提出切实可行的处理意见。

1. 词类活用问题的分歧

词类活用是古汉语教学中的一个重点与难点内容，同时又是一种比较普遍的语法现象，但是其中也存在颇多的争议分歧。首先，是关于"词类活用"这一提法的废立问题，有人主张废止"词类活用"说，但是大多数人则主张保留这一部分内容。要求废止"词类活用"说的人们一般考虑其命名原理多是参考了印欧语系的语法特点，并且将古汉语中的这种语法事实多以现代汉语语法规则进行习惯性规约，才得"词类活用"这一命名。而主张维持"词类活用"说法的人则是较多地从教学过程中学习者的接受程度与教师在教学中多年养成的教学习惯等情况出发，并考虑到此部分内容多年形成的知识体系，一旦废止或全盘打破，可能会产生更大的麻烦，影响教学。其次，词类活用现象的分析也存在一定的分歧，对同一古汉语语言使用情况，不同的人分析出不同的语法现象，这种分歧一般归根于这样两个原因：一是由于本用与活用的混淆而产生的分歧；二是由于兼类与活用的混淆而产生的分歧。

由于词类活用问题本身就存在着一定的争议性，其内容范围的界定在不同的语法系统中自然也难以统一。有的系统认为词类活用的范围包括

"名词、形容词、动词的使动用法""名词、形容词的意动用法""名词用作动词""数词用作动词""名词作状语""动词作状语""动词的为动用法"等；而有的系统则认为词类活用只包括"名词用作动词""形容词用作动词"。

2. 词类活用分歧的处理

词类活用问题的考量必须要参考两个必要的因素，即词汇所属类别与词汇所具有的语法功能。

语法是语言系统中最稳定的要素，但是再稳定的要素也是会随着使用情况的发展演变而逐渐发生变化的，因此，一定要在一个共同的范畴内来考量词类活用的问题。词类是词在语法中的分类，所依据的是词的词汇意义和语法特点。在古汉语中，一个词所属的词类是比较固定的，而一类词所具有的语法功能，即在句子中所充当的成分与出现的位置也是比较固定的。但是，某些词有时候临时改变了词性，担任着它平时所不担任的职务，就称之为词类活用。词类活用的一个显著特征就是一词具有多种词类的功能，要辨认的是这些词类功能是不是某词的固有功能，如果是固有功能，那么这个词就是兼类词；如果用作一类词时是偶然的、临时性的，那么这个词用作该类词时词类活用。例如，"范增数目项王"（《史记·项羽本纪》）中的"目"是词类活用；"沛公欲王关中"（《史记·项羽本纪》）中的"王"，很多人认为是名词活用为动词，然而"王"既可以指统治天下的人，也可以指统治天下的行为，并且在先秦典籍中，"王"的动词用法很普遍，不具有临时性，并且不需要什么条件，所以在这里把"王"说成名词活用为动词并不准确，而是应该属于词的兼类现象。

词类活用作为古汉语教学语法的一部分，它的概括范围应该与理论语法中的范围有所区别。古汉语的教学内容主体上一般包括文选与通论，文选的编选一般都具有代表性与普遍性，与通论内容相互支撑，这就要求了语法知识点的安排要具有典型性、代表性，最低要求要能够满足对文选部分所出现的语法现象的解释。但是高师院校古汉语的教学目的之一是要使学生可以阅读理解古代典籍，为了达到这一教学目标，古汉语实际教学过程应该具有更高的目标追求，即教会学生那些普遍、典型的古汉语知识，尽量满足一般古文阅读的需要而不单单是教材中的文选部分。因此，遵循规范性与实用性原则，建议古汉语教学语法中词类活用内容应该包括的是比较普遍的词类活用现象，而相对比较鲜见的词类活用类型，也要做简单辨认，虽然不单独归类，但作为一套完整的古汉语教学语法系统，应该将其囊括其内，这样方便教师与学习者在教学过程中遇到困惑时，可以及时借助参考，同时也为教学问题的解决提供一定的依据。

结合现在的古汉语教学，可以将词类活用分为"非动词用如动词""动词的使动用法""名词、动词作状语"，再在其中区分用作一般动词或使动用法、意动用法与为动用法等。在古汉语教学中，词类活用是一个重点内容，而在具体的课堂教学过程中，有关词类活用的鉴别又是一个难点内容。上文也略有提及，词类活用与词的兼类两者比较容易混淆，对于初学者，两者的鉴别存在一定的难度。

词类活用有两个基本点：首先，某词的词类发生改变，具有了另一类词所具有的语法功能；其次，这种改变是在一定的环境中临时发生的，具有偶然性。例如，"假舟楫者，非能水也，而绝江河"（《荀子·劝学》），"水"是名词，名词一般都用作主语、宾语、定语，而这里用作了动词，充当动词的常用语法功能做了谓语，在古汉语中，这种用法只是个别的，临时性的，而非固定用法，所以称这种现象为词类活用。而兼类是词本身固有的。一词分属不同的词类，具有多种语法功能，可以充当不同的语法职能，并且各种兼类都是该词的固定用法。如"疾"作为一个兼类词，在"时曹军众已有疾疫"（《资治通鉴·汉纪五十七·赤壁之战》）里是名词，当疾病讲；在"庞涓恐其贤于己，疾之"（《史记·孙子列传》）里是动词，当妒忌讲；在"疾雷不及掩耳"（《三国志·魏书·武帝纪》）中是形容词，作急速讲。"疾"兼有名词、动词、形容词三种词性，在句中分别作宾语、谓语、定语，这些都是"疾"的固有用法，而不是临时活用，不具有偶然性，所以不是活用。

在古汉语教学中，有关词类活用的问题，要认真加以鉴别。词类活用作为古汉语中的一种特色语法现象，应该在共时的范畴内，运用静态描写的方法来对其加以分析与研究，不应该在历史的词义发展引申过程中来考察词类活用的现象。在词义引申的过程当中，某个词往往会发生词性上的变化，这是一种比较普遍的语言现象，这种词义引申往往也容易被误认为是词类活用现象，这种误用实际上就是将词的不常用义项当作了词的临时活用现象。

综上所述，建立统一的古汉语教学语法系统，词类活用是一个不可回避的、存在一定分歧的问题，同时也是这个系统中不得不提的一个知识点。要完成对此问题的梳理与研究，应该在现有的理论基础上，尝试引入更为进步的研究方法。对词类活用问题中的兼类与活用现象，建议进行统计研究，将其量化再进行对比。同时，可适当采取认知语言学的原型理论，对活用现象进行典型性与边缘性的区分，进而加以取舍。在对词类活用现象进行鉴别时，应该认真加以考察，全面进行分析，切莫以今律古，同时还要把握好相似语法现象的鉴别标准，避免语法系统内部出现相互矛盾的说法。

(二) 量词设立问题的分歧与处理

1. 量词设立问题的分歧

要建立统一的古汉语教学语法系统，量词问题是一个必须考虑在内的方面，而有关量词的最大分歧，则主要集中在是否要建立量词一类的问题上。在讨论过程中，在有关量词的设立问题上产生了完全相对立的两种观点，赞成者一般认为，先秦时期量词已经出现并初具数量，同时在一定范围内使用比较普遍，用法上也遵循着一定的规范，既然已经作为语言事实而存在了，并且也具备了一定的理论研究基础，基于以上考虑，量词应该进入到古汉语教学语法系统中来，而不建议较多地从古汉语教学语法系统的性质，量词的产生与发展过程以及现代汉语教学语法系统有关量词问题的规定出发来加以否定。由于先秦时期只产生了物量词，还没有动量词，这样从先秦汉语共时语法系统的角度出发，量词系统并不完整，还处于萌芽阶段，虽然产生了一定数量的物量词，但其数量与语法功能的体现还不足以建立一个词类，古汉语中数词与量词的组合用法与现代汉语差异较大，因此无论从量还是质的考虑出发都不赞成建立量词一类。

2. 量词设立问题分歧的处理

基于实用性与依据语言实际的原则考虑，古汉语教学语法系统应该将量词一类纳入其中。有关建立统一的古汉语教学语法系统问题的探讨与研究中，量词设立问题的赞同与反对双方都具有比较合理的理由。

在有关量词设立问题的讨论过程中，量词一类的设立最大的矛头指向是既定的古汉语教学语法系统的性质。语法的归纳总结与规范发展离不开大量的语言实际，正如现代汉语语法参考的是现代规范的白话文著作，古汉语教学语法参考的则是古汉语书面语。古汉语书面语一般分成两大系统：第一，是以先秦口语为基础进行加工的上古汉语书面语及后代模仿它写作而形成的文献语言，即通常所说的文言；第二，是六朝以后北方话为基础进行加工而形成的古白话。古汉语书面语的这种系统性决定了其语法性质的特点，而作为教学语法系统，它所应具备的稳定性要求其在一个共同的层面上建立统一又成为一种必然。但是，在实际的古汉语教学过程中，学习者与教师最直接接触到的阅读材料来源于文选部分，而文选的选编并不仅仅局限于先秦时期的著作，而要使语法知识真正地能够做到辅助阅读，那么古汉语教学语法的性质就只能是一般共时性的而不是绝对严格的共时性。

　　量词的萌芽与发展有其自身的特点与规律，随着出土文物的发掘，量词的文献记载也在不断提前，虽然有争鸣，但是从侧面也可以反映出量词的存在性。名量词在先秦时期就已经出现，但是在语法研究上，量词这一范畴是汉魏以后才形成的。出于依据语言实际的原则考虑，量词现象作为古汉语语言实际是现实存在的，而且在古汉语教学中，在讲授数词及古代称数方法等相关内容时，量词也是一个不可避免的问题，不应该仅仅局限于量词自身来看待这一问题，而是应该更多地考虑到教学实际与学习者接受知识体系的完整性等情况。汉语的发展是一个连续不断的过程，学习者一般先接受到的是现代汉语教学，量词在现代汉语语法中是一个公认的词类，它的存在性毋庸置疑，在后接触到的古汉语教学中，学习者在原有基础上，其所接受到的知识体系应该是更加趋于完整的。

　　量词的发展是一个连续不断的过程，其发展的各个阶段所呈现出的状态也是有所差异的，在先秦时期与后来更加漫长的岁月里，量词的发展经历了从无到有，从萌芽到成熟的历程，而在这期间，不同阶段量词所表现出的差异性更应该得到教师与学习者的关注。例如，"有兔斯首，炮之燔之"（《诗经·小雅·瓠叶》），这里兔子以"首"来称数，就与今天的用法是大不相同的。在一般共时性的古汉语教学语法中谈量词，它是对名词的修饰与限定，而古汉语中的许多名词已经随着历史事物的变更或消失而发生转移或消亡，这也注定了一些量词在使用上发生变化或无法延续至今。因此，古汉语中的量词与现代汉语中的量词，无论是从内容与使用情况上都存在着一定的差异性，同时两者的存在又是相继的，这种区别与联系在古汉语教学中，都应该展示给学习者，它的价值不仅存于语法层面，其中的文化价值也是不容忽视的，这对调动学习者的学习兴趣，积极配合教师教学都起到一定的促进作用。

(三) 助词问题的分歧与处理

1. 助词问题的分歧

在建立统一的古汉语教学语法系统过程中，关于助词问题的研究与讨论所存在的分歧首先便是要不要设助词这个词类，而在一定意义上讲，此问题存在的最大矛盾集中在"者""所""之"的词类归属问题上。从已有的古汉语教材入手来进行分析，不同版本的教材对"者""所""之"的处理是不同的，而且就助词项的设立与否也是各不相同的。纵观古汉语教材内容的安排，较早问世的教材版本都比较明确地提出不设助词一类，并且将"者""所""之"等相关内容分别安排在不同的词类当中进行讲解，一般把"者""所"归入代词部分，而且"者""所"不能单独做句法成分，要与其他词连用构成"者"字词组和"所"字词组，故又称作特殊代词或辅助性代词。"之"则多作连词或介词处理，在句法位置上同样是用于主语与谓语之间，句法功能同样是起到取消句子独立性的作用。而较晚出版的古汉语教材都增设了助词一类。在古汉语教学语法系统的建立与统一过程中，有关助词问题讨论的另一个分歧是，如果设助词一类，语气词与助词两者的关系要如何处理。

2. 助词问题分歧的处理

在已有的古汉语教学语法系统中设有助词一类，而有的系统中则没有助词一类，要想建立统一的古汉语教学语法系统，首先要回答的就是助词一类的设立问题。出于规范性与实用性原则考虑，从助词的研究历史及在古汉语中的使用情况来进行考察与研究后认为，助词一类应该纳入古汉语教学语法系统。在建立统一的古汉语教学语法系统问题的讨论与研究过程中，有关语气词与助词的分合问题也引起了学者们的广泛讨论。出于理论规范性与教学实用性的考虑，应该设立助词一类，并将语气词归入助词，改称为语气助词。此种处理方法是基于以下方面：

第一，有关助词的研究从我国语法学发端以来就已经存在了，而且在理论语法研究中，一直设有助词这一词类并且根据其句法功能特点归入虚词当中。同时，在现代汉语教学语法系统中，也设有助词一类。考虑到古汉语的语言事实——一类词的语法功能类似于助词，并在古汉语论著中的用例普遍存在，古汉语教学语法系统与现代汉语教学语法系统的衔接问题，助词词类的设立在古汉语教学中同样具有重要的实用价值。

第二，纵观助词的研究历史，相应的处理意见具有一定科学合理的理论语法研究为依据。语气词与助词的分合不但在教学语法系统研究中存在分歧，在理论语法系统研究中也一样存在着分歧。

在现代汉语教学语法系统中，语气词与助词被划分为两个平行的词类，但是古汉语语气词系统与现代汉语的语气词系统大不相同，古汉语教学语法系统不宜参考现代汉语语法系统对此问题的处理方法。而且古汉语教学语法系统的建立与统一过程中有关语气词的处理方法应该排除现代汉语的干扰，做到保留古汉语语法体系的自身特点，而不是为了与现代汉语语法体系衔接而盲目求同。

"者""所""之"这三个词在古汉语的使用中各具特点，但是也不乏共同之处，即不能单独做句法成分，必须与其他成分组合使用，并对句子结构起到一定的标志作用。以"者"为例：

例1：淮阴侯韩信者，淮阴人也。(《史记·淮阴侯列传》)

例2：子在川上曰："逝者如斯夫！不舍昼夜。"(《论语·子罕》)

例3：七十者衣帛食肉。(《孟子·梁惠王上》)

例4：谚所谓"辅车相依，唇亡齿寒"者，其虞虢之谓也。(《左传·僖公五年》)

通过以上例句，可以看出"者"不但可以用于例1这样的判断句，也可以用于例2这样的描写句和例3这样的叙述句，使用的范围比较广泛。"者"在句子中出现的位置一般在句中或句末，但是无论出现的位置如何，"者"字多是与其前项搭配组合，改变原来前项成分句法功能的谓词性而组成体词性句法成分，正如例2与例3。同时，"者"的组合能力比较强，既可以与词又可以如例4那样与句子组合成"者"字结构，而后再作为句法成分在句子中使用。由此可见，"者"本身的使用比较灵活，局限性较弱。"者"所具有的附着性起到的组合作用，要大于其指代性作用，而且"者"的指代性往往是通过组合后形成的句法成分来体现的，所以认为具有这种句法功能的

"者"应该归属于结构助词。

（四）副词问题的分歧与处理

1. 副词问题的分歧

在建立统一的古汉语教学语法系统问题的讨论与研究过程中，结合《中国语文》的五期"问题讨论"，有关副词的分歧主要集中在：第一，副词的归类问题，是归属于实词，还是归属于虚词；第二，"莫"的词类归属问题，是作无指代词讲，还是作否定副词讲。

2. 副词问题分歧的处理

副词的虚实之争存在已久，实词说、虚词说、半实半虚说各执一词，而且各种说法也都不乏支持者。从副词自身的用法特点来考察，其词类划分确实难免分歧；从句法功能来看，副词常常在句子中作状语，对谓词性成分具有一定的修饰性；从词汇意义上看，其意义较之于一般的虚词而相对实在，而较之于实词又显得比较虚化，这是由于副词往往是由名词、动词与形容词等实词语法化而来，因此词汇意义相对弱化了。副词之所以存在虚实之争，这与副词的句法功能与词汇意义的特殊之处密不可分，实词说普遍关注到的是副词的句法功能，它的意义相对于虚词更为实在，而且在句法结构中可以充当一定成分，反观虚词说，它更看重的是副词的词汇意义，其在句子中的位置相对固定，往往修饰谓语部分。在古汉语语法教学过程中，教师与学习者都更应该认清副词的句法功能与词汇意义的特点，并在此基础上学会对具体语言实际现象进行解释与运用。

关于"莫"的词类归属问题，通过例子来分析一下：

例1：莫神于天，莫富于地，莫大于帝王。（《庄子·天道》）

例2：诸将皆惵服，莫敢枝梧。（《史记·项羽本纪》）

例3：子曰："莫我知也夫！"（《论语·宪问》）

例4：戚戚兄弟，莫远具尔。（《诗经·大雅·行苇》）

例5：人生得意须尽欢，莫使金樽空对月。（《将进酒》）

通过以上例子分析，"莫"在句中经常出现在谓词性成分之前，而且词汇意义上具有一定的指代性。例1与例2两句中"莫"可做两种解释：第一，没有什么人或事物；第二，没有……的。第一种解释强调的是"莫"的指称性，可将其理解为无指代词；而第二种解释则强调的是其对谓词性成分的否定作用，可理解为否定副词。接下来看例3，"莫"只能翻译成"没有什么人"，如果将其说成是对"知"的否定，语序似乎就说不通了。最后再看例4与例5，例4中的"莫"翻译成"不要"，与否定副词"不"相似，而例5中的"莫"用于祈使句，与"勿"相似，这两句又说明了"莫"在句法功能上与副词的共同性。

通过以上的分析，"莫"无论是代词还是副词，无论将其翻译成"没有什么人或事物"还是"没有……的"，只要认清并理解"莫"的句法和语义特点，那么有关"莫"的具体词类归属问题就不会影响对古汉语的学习与阅读理解。在这个问题上，教师与学习者都应该理性地看待，教师应该根据具体的教学需要来讲授这一内容，并尽量将现有的研究成果展示给学生，尽可能为学生提供一个宽阔的学习视野，而学习者则应该辩证地来看待分歧，根据具体的学习情况来加以理解。毕竟古汉语课程的教学目标不是培养语法学家。因此，就"莫"的句法功能与语义的理解掌握可以帮助学习者顺利阅读，疏通文章大意即可。

（五）短语分类问题的分歧与处理

1. 短语分类问题的分歧

有关短语分类问题的讨论所存在的分歧一直比较突出，分歧的焦点在短语的类别应该以哪种标准为主要依照来进行划分，哪种分类归纳更适用于古汉语语法教学。目前短语一般有这样两种分类方法：第一，通过分析词与词之间的组合结构来划分，其着眼于短语的内部构造，此种标准将短语划分为偏正短语、主谓短语、动宾短语、联合短语等；第二，通过分析短语的整体性质来划分，其着眼于短语整体的句法功能，此种标准将短语划分为名词性短语、动词性短语、形容词性短语等。短语的这两种分类方法各有所本，而且在汉语短语的分类上被广泛应用，因此在古汉语教学语法系统的建立与统一问题上，短语的分类问题作为语法教学中的常见问题，也是值得认真分析与思考的。

2. 短语分类问题分歧的处理

在传统的古汉语语法研究中，一般将大于词、小于句子的单位也称作结构，目前的语法学著作常见的对其的称谓有词组、结构和短语等，语法教材中亦然，这种不统一的称谓对于初学者而言，往往会造成一定的混乱，干扰语法教学。如果做深入的语法研究，不同的称谓习惯是可以得到理解与尊重的，但是作为教学语法系统被广泛运用于教学当中，就应该对这些称谓加以统一，消除混乱，方便教学。虽然称谓不同，但追究其内涵大致是相同的，同时考虑到现代汉语教学语法系统统一将其称为短语，莫不如古汉语教学语法也做相同称谓。

就古汉语本身而言，其词序安排较之现代汉语明显存在着不同，学习者应该了解这种特点并与现代汉语加以区别。古汉语课程的教学目的之一就是培养学生阅读古文的能力，学生还应该在此基础上培养教授文言作品的能力。那么无论对于学习还是讲授古文而言，都应该做到在疏通语序的基础上了解文义，对词与词的组合结构方式的分析往往起着更加基础性的作用，往往对短语整体句法功能的分析也是在此基础上进行的。因此，参考实用性原则，在古汉语教学语法系统的建立与统一过程中，清楚了解短语内部组合结构更为重要，古汉语教学语法系统对短语类型划分可以采用与现代汉语教学语法系统相反的处理原则，即以短语内部词与词的组合结构分析为主，辅之以短语整体的句法功能来进行短语类别的划分。同时，在教学实践过程中，教师还应该根据实际情况来讲授短语部分的内容，不要片面追求统一，而是要根据教学需要灵活地运用这两种划分类型，使其真正有利于教学。最主要的还是应该使学习者了解到之所以短语会被划分为不同类型的实质，即划分标准的不同，使学习者在学习古文的过程中来自己思考，并可以独立解决问题，提高阅读古文的能力。

(六) 特殊句式的分歧与处理

1. 特殊句式的分歧

古汉语中，存在着这样一些句式，它们异于现代汉语，随着时间的流逝只存在于古代典籍之中，而它们往往最具有不同时期的时代特色，对于现代汉语普遍使用的句式，称其为特殊句式。这些不同的关于特殊句式的问题主要包括：词序问题、双宾语的问题、判断句的问题、被动句的问题、动宾关系的问题、兼语式的问题、成分省略的问题等。古汉语中的句式问题，无论是在理论语法还是教学语法的研究中都受到广泛的关注。

2.特殊句式分歧的处理

首先，词序问题，词按照一定的规则排列组合成句，研究句式就不得不提到词序问题。词序，一般的古汉语教材及语法著作也称其为"语序"。在词序问题的讨论范围内，有关宾语前置和倒装问题的争论由来已久。以现代汉语的词序为参考，许多古汉语教材与语法著作中是讲究宾语前置与倒装的。应该区分"前（后）置"和"倒装"，这二者都是针对词序位置变化的描写，但"前（后）置"所描写的词序关系在限定的历史时期内是正常的词序关系。例如，宾语前置，在横向共时的语法研究中，其词序关系不存在特殊性，是当时人们所形成的习惯性用法，有如下词序关系：主语＋否定词＋宾语（代词）＋谓语，主语＋宾语（疑问代词）＋谓语，宾语＋之／是＋谓语等。古汉语的谓宾关系即是如此，对于当时人们而言是正常语序，不存在特殊性，其特殊之处是通过对比现代汉语的谓宾关系而得出来的。"倒装"在横向共时的语法研究中，其所描写的词序关系显现出不寻常性，是特殊的词序关系，这种词序关系是古代时期当时的人们将正常词序进行偶然地改变调整所得到的，相较于正常词序的固定性而具有了一定的临时性。因此，在词序问题上有关术语的采用与定义，也应该慎重选择，严密说明，严格把关。只有采用一系列规范的术语来对知识系统进行严密的描写说明，才能尽可能地降低分歧，达成共识。

作为古汉语教学语法系统的一部分，在建立统一的古汉语教学语法系统的过程中，可以将主要的词序关系分类进行详尽的罗列，立足于古汉语的语法实际，以古论古，而不是参考现代汉语的词序关系笼统地以"某句法成分的前（后）置"来进行概括，还应该向学习者说明古汉语的语言表达习惯，从社会文化的角度来帮助学习者体会古今汉语的异同之处。古汉语中的双宾语现象无论从其自身特点及古今相继性角度还是从古汉语教学方面来看都具备讲授的必要性。古汉语中的双宾语结构既有沿用至今的结构类型，也有没被现代汉语传承下来的结构类型。间接宾语在句子中的位置安排比较灵活自如，其句法位置与古今相继的结构类型相比，一般也可以在直接宾语之后或在谓语之前。谓语所使用的动词除去一般动词用法之外，还有使动和为动用法，双宾语结构在古汉语语法实际中有着更为细致的分类，这些已经被淘汰的双宾语结构类型往往更能体现古汉语的自身特点。

在古汉语教学中，重点讲授的应该是这些异于现代汉语的部分，这些古汉语特有的语言实际是无法套用现代汉语语法来解释说明的。因此，在古汉语教学语法系统的建立与统一过程中，有必要就这一部分内容加以归纳并解释说明，作为异于现代汉语双宾语结构的全新知识内容进行教学，在教学中与古汉语中的其他句型结构相区分，可以正确分析句法成分，有助于阅读理解。

第二节　古汉语与现代汉语语法系统的分合

一、古汉语语法系统

古汉语教学体系在大体的发展方向上应当要与现代汉语教学体系相统一，而这两者的存在其实代表着汉语这门语言在不同发展阶段的大致情况，而它们最大的差别就体现在了语法与词汇这两个方面。语法的发展是较为稳定的，大多数的语法基本知识从古至今发生的变化都不是十分明显，而基本的语法知识从古至今的相统一性也是需要关注到的重点。建设古汉语教学体系中关于语法结构的知识是需要注意现代汉语知识的融入的，两者相互结合，互相体现重要的特点，这样才能够在词汇与语法的知识结构完善上做到最好。现存的关于汉语教学语法体系的完善主要是在词汇上重点分析，同时还包括了句子结构的解析，这一类的汉语教学语法系统事实上是当前许多学校进行汉语教学的首选，不仅仅是体现在了中学的课本上，许多高校也在使用，这类体系的构建特意提出了最小的语法单位，即"语素"这个概念，这让短语的内容也得到了很大的拓展，主要分成了两个部分的内容：第一是两个实词之间的结合；第二是实词与虚词之间的组合，而单句的构成也发生了较大的变化，从不同的次序排列这个角度将单句分成不一样的句型。

上述的理论事实上是符合现代汉语的语言境况的，毕竟汉语是经历了历史洗涤的语言，在语法的基本知识上是没有多大变化的。有一部分直接来源于古汉语的知识，不需要在现代使用时进行多大的变动，它们的使用可以加入现代汉语中的语法术语，在词类的规划上，可以将它们这些词类，如名词、动词等与古汉语的使用相一致，不需要特别做出很大的改变。有些古汉语教材在介绍句子成分时依然使用主谓宾、定状补来形容，这是学习汉语的人都熟知的基本常识，如在甲骨文的辞文中就这样写道"元今六月王入与市"，这就是基本的句式展现的形式，在古代就已经常使用了。

现代汉语的句式与古汉语在这个方面的差距不是很大，单句与复句在分类上都有转折、递进、因果等，古汉语与现代汉语在这个方面是可以产生共鸣的，不必将两者分开来进行学习。学生可以在学习现代汉语知识的基础上，利用这些知识来与古汉语知识融会贯通，这样既能够学习到自己想要了解的古汉语知识，又能够在这个过程中快速地掌握学习的技巧。当然，古汉语具有它自己的一套体系，单纯地将它与现代汉语体系融合在一起也是不切实际的，古代与现代的汉语内容上的不一致是当前最需要也是最难解决的问题。

二、词类问题

第一，助词。现代汉语中主要将助词分为了三大类：结构助词、动态助词、语气助词。事实上，各种教材对于这方面的观点也是表达得不相一致，而在古汉语的知识构成中是没有语气助词这一方面的内容的。语气词一般是"也、乎、焉、兮"等，而在一些教材表达的观点当中，"之"的使用是划分为介词的，即便在之前将它作为结构助词。在有些关于现代汉语的资料中就有这样的观点，即助词与语气词应当作为两个有区别的个体而存在，语气词是从助词中抽取的一部分内容，如语气助词，进而将这些语气助词重新组合成语气词，这样组合而成的语气词事实上就成为了单独的虚词词类。但是现代在语法系统当中已经有了关于助词是如何划分的说明，而让古代与现代在这方面要尽量相同，就应当做到大致上的相统一。

第二，量词。量词在古汉语中的使用可有可无，一些著作中有"乘""口"这样表示数量的词，但是并没有得到大多数人的认可，因为在实际的运用当中它们的意义是难以体现的。之后的古言中提到的"都城高三丈有余""马六十丙""水三升"等，都表示在时代的发展之下，量词的使用也在逐渐出现。到魏晋时期，一些动量词也开始出现，如说"通""遍""过"等。

三、句法问题

第一，判断句。主谓句依据谓语的构成情况可以分为名词、动词、形容词以及主谓谓语句，而当前在大多数的古汉语教材中，依据句法意义的不同，将句子主要划分出三类判断句。用名词或者是名词性的词语构成谓语，用来表述事物的特征与属性，这样的是判断叙述句，这一类的句子主要是以人与事物的动作行为，以及这些行为与动作所发生的变化作为描述对象的，在这样的句子当中，谓语主要是由动词扮演然后作为描写句来展现；而用形容词作为谓语动词则是用来描述人和事物的性质的。在古汉语中，判断句与描写句、叙述句等是不能够完全照应的；而现代汉语中的判断句的代表性词语就是"是"，它作为判断句中的动词展现，这与古汉语的使用是不同的。古汉语中的"是"最初的含义只是一个代指意味的词语，在文章中可以指示前文的内容，直到魏晋以后，经过演变，"是"在判断句中的意义又有了新变化。古汉语中的判断句重用"是"的含义，在句子中用名词或者是名词短语做谓语，而形容词与形容词短语也可以用来做判断句的谓语，它比现代汉语的判断句更加复杂。两者的不同之处主要在这里展现出来，学生可以从这个方面进行学习，减少学习的难度。

第二，被动句，它的运用范围是不断发展变化的，汉语的被动展现在古代与现代中的体现不同。古代与现代的汉语进行比较，可以从中发现，被动句的意义发生的变化是显而易见的。被动句的意义总体上可以分为两种：第一，主要是体现在语义上，它在语义上表示被动，但在实际的语句形式上并没有特别表示；第二，在谓语动词所在的位置使用有被动意味的词语来表示句子的被动样式。现代汉语中的"被"直接表示被动，这是从古代沿用下来的句子使用方法，"被"可以作为状语直接使用在句子中，直接称为被动句。古代与现代中的被字句相比，它的使用更加复杂，到先秦时期使用就更为普遍了，如"曾子见疑而吟""伯奇被逐而歌"，这样就明显地体现出被动句的意味了。

第三，倒装，主要是语序上的改变，尤其是句子成分的位置不一样，一般正常的使用是将主语放在谓语之前，动词在宾语之前。倒装的使用其实起到了不一样的情感表现，如"君子哉，若人！"这样一类的句子就体现了倒装句的意味，通过修辞上的使用来让句子含义更加丰富。

综上所述，古汉语语法系统与现代汉语语法系统分合的发展是一个长期的过程，相关问题的解决也是需要长时间的实践来证明的。

第三节　古汉语语法教学中的语例运用与实践

一、理论与语例的运用顺序

(一)先语法，后语例

先语法，后语例就是顺向性思维的讲解顺序。优点在于明确了知识点，构建了知识体系。在教学中先明确知识点，能有效吸引学生的注意力，从而加强学生对知识的掌握理解。将知识点明确展示给学生，能够让学生有针对性地对知识点进行学习，学习效率进一步提升。例如，在学习文选《冯谖客孟尝君》一文时，可以告诉学生文中统领全篇的是一个成语——狡兔三窟，让学生在阅读中找出这个成语，并结合课文内容来理解这个成语的具体含义，这样学生就可以由大到小、由面到点、由抽象到具体地去学习课文。又如可以先告诉学生古汉语中判断句的特征是：谓语通常是名词或名词性的词组，而在现代汉语中，判断句的主语和谓语之间一般要用系词——判断词"是"加以联结。教材一般认为，在秦汉以前，判断句一般不用系词。在一些判断句中，主语后面常用"者"字来表示停顿，谓语后面常用"也"字来帮助判断。了解了判断句的这些特点之后，就可以让学生边学文选，边找出里面的判断句，进一步加深对判断句的认识和掌握。例如，课文《郑伯克段于鄢》中的判断句"制，岩邑也，虢叔死焉""都城过百雉，国之害也"等。教师采用顺向式次序时要尽量选取新颖的例子，以此吸引学生的注意力。

(二)先语例，后知识点

先语例，后知识点的讲解方式称为逆向式思维。"其实质就是在讲授新课时，从语言举例开始，让学生能够更深入地感受到语言中所蕴含的知识点，启发学生对知识点的理解，引导学生总结知识点，从而达到让学生掌握知识的预期"①。这种讲解思维能够最大化地调动学生学习的积极性，启发学生的思考。例如，在讲授文选《庄辛说楚襄王》一文中，可以先列出本课的名词语例，如辇、专等。学生对"辇"比较陌生，上古指用人拉的车子，秦汉以后才专指君王坐的车子。在《说文解字》中："辇，从车，从有车前引之。"后来写作"伴"。从字形来而言，二人并行挽车，十分形象。又如"专"，本义是纺专，字形表现为下面有一只手，正在收丝。后来有了"专不杂乱纷繁"的意义，专心向上，能量无限。

动词语如淹、留、从、幸、去、举、辟、日、谓等，可逐一引导学生进行揣摩分析。有些语例还可以采取对比的方式进行讲解，以加深学生的理解，如"谓"与"曰"就有所不同。"谓"后面跟着说话的对象，"曰"后面跟着说话的内容，翻译为"说"；"谓"则可翻译为"对……说"。虚词语例，如：因、是、以、犹、岂特等。此外，还有语法语例，汉语的音节和文字整齐对应，造就了汉语独特的表达方式。汉语"嗜双"，即喜欢整齐地表达，丰富的成语是汉语的瑰宝。而像"喜怒哀乐""酸甜苦辣""鸡豚狗彘"等这些四字格，并不一定是穷尽式的列举，而是选取四种概念代表某一类对象。汉语的这种表达思维不仅体现在语词上，还体现在句子上。"君王左州侯，右夏侯，辇从鄢陵君与寿陵君……"其实也是一种列举性的表达，楚襄王的身边谄媚的人很多，这里只选取代表人物加以陈述，语言对称而简练。这样课义通过实词、虚词、词法、句法这些语例的讲解，就可以使学生很好地把握全篇，教师也避免了照本宣科，能够极大地调动学生学习的积极性，培养学生自主学习的能力，还能帮助学生搭建知识体系，符合学生的学习规律。

"先语例，后知识点"的逆向式可以把理论知识融入实际感受和实践操作中，能有效提高学生的学习效率和积极性，对培养学生自主思考和总结概括能力有很好的促进作用。

二、语例运用的原则

举例是在课堂中大量应用的一种教学手段。选择一个合适的例句也是一门艺术。好的例句能够增强学生对知识的理解与掌握，不合适的例句则会对学生的知识掌握发挥一定的阻碍作用。选择语例也要遵循一定的原则，精准

---

① 杨娜. 古汉语语法教学的语例研究 [J]. 现代职业教育，2020(7): 152.

把握语例选用的难度适配性。语例运用的原则包含以下方面，如图3-1所示。

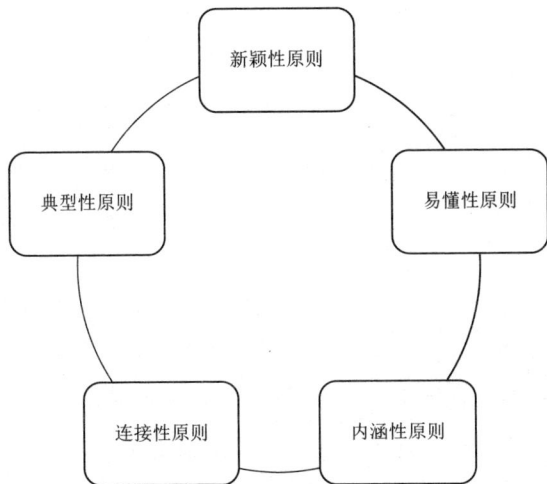

图 3-1　语例运用的原则

(一) 新颖性原则

具有新颖性的句子，具备一定的趣味性。因此，能够让学生在短暂的课内时间瞬间激发兴趣，在获得知识的基础上能够获得精神的愉悦感，慢慢激发学生的学习兴致，让学生对学习产生探索的欲望。在这个过程中语言对人潜移默化的作用就显示出来了。例如，讲解"之"放在定语与中心语之间，相当于"的"时，可以举《三国志·吴书十九》中"诸葛恪得驴"的故事。

(二) 易懂性原则

语法的教学本身就有相当高的抽象性，教师在讲解过程中不能只对生硬的语法规则进行讲解，要在讲解的过程中加入一些易懂的语例来辅助学生理解，对学生的学习难度进行降维。例如，在进行句子成分的分析时，就要理解句子成分的具体内容，要明白主、谓、宾到底是什么。作为现代汉语词汇重要组成部分之一的成语很多产生于古代，它们内部的构成成分往往是按照古汉语语法组合起来的。讲解名词的意动用法时以"幕天席地"为例，其中的"幕"与"席"是名词的意动用法，讲解名词作状语的用法时以"风餐露宿"为例，其中的"风"与"露"是名词作状语表处所，这些成语中包含的语法知识都来源于古汉语。教师选择含有古汉语语法知识的常用成语作为语例，不仅教授了语法知识，还加深了学生对成语的理解，可谓一举两得。教师也可以转化为白话文的举例来对学生进行语法成分的介绍。这是因为，现代汉语与古汉语出自一个语系，因此语法的知识在一定程度上有着相似性。对成分的介绍完全可以彼此适用。另外，现代汉语是平时所讲的语句，学生对白话文的理解要高于古汉语，所以在对语法成分介绍上选择"同义转换"是非常合适的。

(三) 内涵性原则

中国的文化知识体系是相当完备的，其中所蕴含的文化知识也相当丰富，教师要有意识地对文化知识进行传播，促进文化进一步产生作用。例如，讲解"者，也"这种类型的判断句时，可以举《荀子·王制》中的例子："君者，舟也；庶人者，水也。"这个语例传达了古代的"民本思想"。讲解介词"于"引进动作行为发生的原因，相当于"因为""由于"时，可选取韩愈《进学解》中的例子："业精于勤，荒于嬉；行成于思，毁于随。"这个语例传达了古人对治学、为人处世的态度。讲解形容词的使动用法，可选取《孟子·告子下》中的例子："故天将降大任于是人也，必先苦其心志，劳其筋骨，饿其体肤，空乏其身。"其中的"苦""劳""饿""空乏"都属于形容词的使动用法，表示"使……苦"，"使……劳""使……饿""使……空乏"，这个语例传达了理想的实现必须通过艰苦奋斗的道理。对学生文化素养的培养就要从细微处进行，达到教学目的同时还能发扬传统文化，促进学生的教育。

(四) 连接性原则

知识的搭载体系是有其一定的科学道理的，知识的排列顺序遵循着承上启下的规则。我国的文化知识体系庞大，在选择语例时要贴合实际，选择贴近学生生活实际的，还要选用做到对上下知识体系有衔接作用的例子。教师在讲授古汉语语法知识时，应尽量选取出自中学学过的文言文中的语例，这样既让学生学起来觉得熟悉，温习了旧知，又拓展了新知。例如，讲解"见 + 动词"中"见"的用法有两种情况时：一种情况表示被动，可以列举人教版高三语文课本中《廉颇蔺相如列传》的例子："欲予秦，秦城恐不可得，徒见欺。"另一种情况用作指代性副词，可列举人教版高二语文课本中李密的《陈情表》："生孩六月，慈父见背。"例中的"见"相当于"我"，指代李密本人。古汉语教材文选中的作品相衔接，教材的编排顺序是文选与通论相结合，通论基本上在讲授文选之后才学习，教师在讲授通论部分的语法知识时列举文选部分的例句，可以把学过的知识变得系统化、理论化、巩固化。

(五) 典型性原则

"由于课堂时间有限，在列举语例时，教师应根据学生的实际情况及思维方法，选择一些典型又具有启发性的例子，激活学生思维，充分调动学生的积极性和主动性"[①]。例如，在讲解疑问代词作宾语需要前置的问题时，可以举下面两个例子：

例1：吾谁欺？欺天乎？（《论语·子罕》）

例2：桓公问管仲曰："治国最奚患？"对曰："最患社鼠矣。"（《韩非子·宋人有酤酒者》）

学生通过观察，很容易发现例1是由并列的两个疑问句构成的，同是用一个动词"欺"，但宾语"谁"和"天"的位置存在着差异；例2"治国最奚患"是疑问句，"最患社鼠矣"是肯定性陈述句，同是用一个动词"患"，可是宾语"奚"和"社鼠"的位置也不同。这两个语例中的谓语动词都是相同的，区别在宾语的词性，最后让学生总结这类句子的规律：宾语如果是疑问代词，就需要放在谓语动词的前边。讲解第一人称代词"吾"作宾语的用法时，可以举以下两个例子：

《庄子·齐物论》中的两个例子：

例1：今者吾丧我。（《庄子·齐物论》）

例2：我胜若，若不吾胜。（《庄子·齐物论》）

例1中"吾"作主语，"我"作宾语，不能换成"今者我丧吾"；例2由肯定性陈述句"我胜若"与否定性陈述句"若不吾胜"构成，"我胜若"表示"我胜你"，"我"作主语；"若不吾胜"表示"你不能胜过我"，"吾"作宾语，通过分析可知先秦时期"吾"一般不用作肯定句的宾语，但可以用作否定句中的前置宾语。

[①] 李琴.古汉语语法教学的语例研究 [J].文教资料,2018(9):31.

参考文献

[1] 孙良明. 据古今专书训诂考据语法分析谈高校古汉语语法教学——再谈古汉语语法四大特点及其对语法教学的实用意义 [J]. 语文研究，2011(4)：1-7.

[2] 王艳敏. 高师古代汉语语法教学研究 [D]. 沈阳：沈阳师范大学，2013：22.

[3] 郑兴凤. 古代汉语语法教学的任务设计 [J]. 鸡西大学学报，2014，14(1)：18.

[4] 毛向樱. 浅论汉语语法教学中的词类活用现象 [J]. 牡丹江大学学报，2008(11)：96-98+104.

[5] 王思锐. 现代汉语到古代汉语的桥梁 [D]. 天津：天津大学，2018:45.

[6] 张嘉津. 建立统一的古代汉语教学语法系统问题研究 [D]. 沈阳：沈阳师范大学，2014:23.

[7] 纪国峰. 古代汉语与现代汉语教学语法系统的分合问题 [J]. 汉字文化，2020(12)：24-25.

[8] 杨娜. 古代汉语语法教学的语例研究 [J]. 现代职业教育，2020（7）：152.

[9] 季琴. 古代汉语语法教学的语例研究 [J]. 文教资料，2018(9)：31.

[10] 龚仁. 古代汉语语法精华 [M]. 武汉：湖北人民出版社，2015.

[11] 蒋绍愚，李新建. 古汉语入门 [M]. 北京：当代中国出版社，2018.

[12] 范亚茹. 古汉语语法教学策略研究 [J]. 读书文摘，2016(27)：171.

[13] 陈文智. 中国古汉语语法与现代英语语法的对比研究 [J]. 才智，2018(8)：184-185.

[14] 尹洪波. 《汉文经纬》所揭示的古汉语语法规律 [J]. 古汉语研究，2019(3)：29-40.

[15]赵芸.从古汉语的词类活用看语法与修辞的关系 [J].现代职业教育，2016(13)：126-127.

[16]吴安其.古汉语的字音和谐声 [J].民族语文，2016(1)：15.

[17]赵芸.古汉语词汇组成的系统特点 [J].中国民族博览，2019（12）：100.

[18]方一新，刘哲.近二十年的古汉语词汇研究 [J].中国语文，2015(1)：73-86+96.

[19]胡韧奋，李绅，诸雨辰.基于深层语言模型的古汉语知识表示及自动断句研究 [J].中文信息学报，2021，35(4)：8-15.

[20]荆亚玲，汪化云.古汉语差比句的构成要素和句式类型 [J].河北师范大学学报（哲学社会科学版），2021，44(1)：134-141.

[21]柴秀敏.古汉语文选教学中的词语训释 [J].河北师范大学学报（教育科学版），2008，10(8)：106-108，113.

[22]侯方会.论成语中特有的古汉语语法现象 [J].北方文学（下旬刊），2014(10)：127-127.

[23]张冰颜.概述古汉语语法与现代汉语语法的不同之处 [J].东方青年·教师，2011(11)：247.

[24]唐国华.新课标背景下高一学生古汉语语法教学策略研究 [J].新课程学习（上旬），2013(5)：86-86，87.

[25]王莉.探讨如何寓汉字文化于古汉语教学 [J].科教文汇，2020（1）：57-58.

[26]甄真.关于转变古汉语教学模式的思考 [J].辽宁师专学报（社会科学版），2017(1)：59-60.

[27]丁韵.也谈古汉语教学中的"词类活用" [J].才智，2013(12)：207-208.

[28]范玉.新媒体背景下古汉语教学方法的创新 [J].商品与质量，2017（38）：59.

[29]温伟清.古汉语教学要多从现实语境中寻找理据 [J].赤子，2016(8)：181.

[30]张子春.古汉语教学要多从现实语境中寻找理据 [J].金田，2015(3)：200.

[31] 朱丽 . 大学古汉语教学如何培养学生的审美情趣 [J]. 才智，2016
（14）：169.

[32] 刘梅 . 运用现代教育技术促进古汉语教学改革 [J]. 开封教育学院学
报，2014（4）：64-65.

[33] 邱传亮 . 浅析高校古汉语教学应该注意的几个原则 [J]. 吉林省经济
管理干部学院学报，2012，26（2）：87-89.

[34] 王淼 . 微学习时代古汉语教学远程教育分析 [J]. 中国新通信，2018，
20（23）：179-180.

[35] 李润生 . 高校古汉语教学现状与思路研究 [J]. 文学教育（中），2019
（8）：178-179.

[36] 张家文 . 古汉语省略及相关问题研究 [M]. 广州：中山大学出版社，
2018.

[37] 倪博洋 . 从语气词、叹词看上古汉语声调构拟 [J]. 语言科学，2019，
18（2）：208.

[38] 何静，宋天宝，彭炜明，等 . 基于"词—词性"匹配模式获取的古
汉语树库快速构建方法 [J]. 中文信息学报，2017，31（4）：116.

[39] 宋曦 . 古汉语"所"字结构的类型学考察 [J]. 学术交流，2016，（12）：
168.

[40] 鲁六 . 谈古汉语复音词的判断标准 [J]. 中州学刊，2006（5）：295.